O OTELO BRASILEIRO
DE
MACHADO DE ASSIS

CONSELHO EDITORIAL

Beatriz Mugayar Kühl – Gustavo Piqueira
João Angelo Oliva Neto – José de Paula Ramos Jr.
Leopoldo Bernucci – Lincoln Secco – Luís Bueno
Luiz Tatit – Marcelino Freire – Marco Lucchesi
Marcus Vinicius Mazzari – Marisa Midori Deaecto
Paulo Franchetti – Solange Fiúza
Vagner Camilo – Wander Melo Miranda

HELEN CALDWELL

O OTELO BRASILEIRO DE MACHADO DE ASSIS

Um Estudo de *Dom Casmurro*

Tradução
Fábio Fonseca de Melo

Copyright © 2002 Estate of Helen Caldwell

Título do original em inglês
The Brazilian Othello of Machado de Assis.
A Study of "Dom Casmurro"

Direitos reservados e protegidos pela Lei 9.610 de 19.02.1998.
É proibida a reprodução total ou parcial sem autorização,
por escrito, da editora.

1ª edição, 2002
2ª edição, 2008
3ª edição, 2022

Dados Internacionais de Catalogação na Publicação (CIP)
(Câmara Brasileira do Livro, SP, Brasil)

Caldwell, Helen
    O Otelo Brasileiro de Machado de Assis: Um Estudo de Dom Casmurro /
Helen Caldwell; tradução Fábio Fonseca de Melo.
– 3. ed. – Cotia, SP: Ateliê Editorial, 2021.

    Título original: *The Brazilian Othello of Machado de Assis*

    ISBN 978-65-5580-028-9

    1. Romance brasileiro I. Título.

21-57662   CDD-B869.3

Índices para catálogo sistemático:

1. Romance: Literatura brasileira B869.3
Aline Graziele Benitez - Bibliotecária - CRB-1/3129

Direitos reservados à

Ateliê Editorial
Estrada da Aldeia de Carapicuíba, 897
06709-300 – Cotia – SP – Brasil
Tel.: (11) 4702-5915
www.atelie.com.br
contato@atelie.com.br
 /atelieeditorial
blog.atelie.com.br

Foi feito depósito legal
Impresso no Brasil 2022

SUMÁRIO

Agradecimentos 9
Prefácio à Edição Americana 11

1. A *Love Story* de Santiago 17
2. O Lenço de Desdêmona 31
3. O Germe 43
4. O Que Há num Nome 55
5. O Mal de Santiago 91
6. Por que Publicar? 97
7. O Caso de Capitu 101
8. Alguns Símbolos 127
9. Lágrimas de Otelo 155
10. Shakespeare sob o Cruzeiro do Sul 165
11. Um Interessante Caso de Anonimato 193
12. "Santa Mônica" e o "Plagiário" 207

Apêndice: Biografia de Machado de Assis 217
Notas da Autora 221

AGRADECIMENTOS

É surpreendente que um livro como *The Brazilian Othello of Machado de Assis. A Study of "Dom Casmurro"* tenha ficado sem tradução no Brasil por mais de quarenta anos. Desde que veio a público pela University of California Press, em 1960, ele tornou-se referência constante em análises de expoentes da crítica machadiana. Além de trazer o foco analítico, na crítica de *Dom Casmurro*, de Capitu para Bento Santiago, o ensaio também alargou a dimensão do elemento shakespeareano na obra de Machado de Assis. A falta de uma edição em língua portuguesa constituía uma lacuna na coleção crítica sobre o "bruxo do Cosme Velho"; mesmo os exemplares da (única) edição americana tornaram-se difíceis de encontrar.

A iniciativa desta tradução deve-se ao Professor Joaquim Alves de Aguiar, da Faculdade de Filosofia, Letras e Ciências Humanas da Universidade de São Paulo (FFLCH-USP). Ao Professor Joaquim, agradeço pela confiança em mim depositada para a tarefa de tradução e por toda a assessoria e entusiasmo com o projeto. Da FFLCH-USP, devo agradecer ainda aos Professores Antônio Dimas e Alcides Villaça, pelo apoio e recomendação da tradução; à Professora Sandra Vasconcelos, pelo esclarecimento de referências à literatura inglesa; e à Professora Tereza Pires Vara, por gentilmente disponibilizar-me seu exemplar original. Agradecimentos também a Dan Dixon, editor da University of California Press, em Berkeley, por toda a boa vontade em oferecer-me informações e orientações. A Ilka Maria de Oliveira e Olga Raphaelli, colegas de profissão, pelas discussões pertinentes e o auxílio em contatos internacionais. A Luciana Mary Nishioka, pelo carinho e estímulo. E, finalmente, à minha mãe, Déli Fonseca de Melo, professora, pela revisão do texto; e à Ateliê Editorial, que, de pronto, mostrou interesse em publicar o presente livro.

FÁBIO FONSECA DE MELO
tradutor

PREFÁCIO À EDIÇÃO AMERICANA

Os brasileiros possuem uma joia que deve ser motivo de inveja para todo o mundo, um verdadeiro Kohinoor* entre escritores de ficção: Machado de Assis. Porém, mais do que todos os outros povos, nós do mundo anglófono devemos invejar o Brasil por esse escritor que, com tanta constância, utilizou nosso Shakespeare como modelo – personagens, tramas e ideias de Shakespeare tão habilidosamente fundidos em seus enredos próprios –, que devemos nos sentir lisonjeados de sermos os únicos verdadeiramente aptos a apreciar esse grande brasileiro.

Encontramos estímulo a nossa megalomania nos escritores brasileiros, habituados a se referirem a Machado de Assis como

---

* Referência a um diamante indiano, famoso por seu tamanho, tomado pela Coroa Britânica por ocasião da anexação da península do Punjab, em 1849, tornando-se assim uma das maiores – senão a principal – relíquias do Tesouro Britânico (N. do T.).

seu "enigma", seu "mito", sua "Esfinge"[1]. Desorientados pela sutileza do autor, muitos deles debruçaram-se sobre sua vida, tentando interpretar sua obra em termos de sua origem humilde e sua composição física[2]. Mas Machado de Assis reteve deliberadamente os fatos de sua vida privada, pois aparentemente sentia que tais fatos não tinham nada que ver com sua vida espiritual e que o conhecimento deles traria somente empecilhos à apreciação de suas obras[3]. Com efeito, ele nos diz com frequência: minha obra é a minha vida, por meio delas poderão me conhecer[4]. E nos avisa para lermos com cuidado[5] – pois ideia e forma

1. Por exemplo, Álvaro Lins, *Jornal de Crítica: Primeira Série*, Rio de Janeiro, José Olympio, 1941, p. 171; Alceu Amoroso Lima, *Três Ensaios Sobre Machado de Assis*, Belo Horizonte, Paulo Bluhm, 1941, pp. 13 e 70; Barreto Filho, *Introdução a Machado de Assis*, Rio de Janeiro, Agir, 1947, pp. 7 e 34; Lúcia Miguel Pereira, *Machado de Assis: Estudo Crítico e Biográfico*, 5. ed., Rio de Janeiro, José Olympio, 1955, p. 277; Bezerra de Freitas, *Forma e Expressão no Romance Brasileiro*, Rio de Janeiro, Pongetti, 1947, p. 140.

2. Mesmo Lúcia Miguel Pereira, em seu excelente *Machado de Assis: Estudo Crítico e Biográfico*, tenta localizar nos personagens de Machado a influência de sua epilepsia e sua aguda consciência de possuir sangue negro e origem humilde. Cf. Othon Costa, "Machado de Assis Epiléptico", *Conceitos e Afirmações*, Rio de Janeiro, Pongetti, [1939], pp. 73-86; Viana Moog, *Heróis da Decadência*, Porto Alegre, Globo, 1939, pp. 208-209; Peregrino Junior, *Doença e Constituição de Machado de Assis*, Rio de Janeiro, José Olympio, 1938; Hermínio de Brito Conde, *A Tragédia Ocular de Machado de Assis*, Rio de Janeiro, 1942; Sylvio Romero, *Machado de Assis*, 2. ed., Rio de Janeiro, José Olympio, 1936, pp. 54-55 (sobre o efeito da gagueira de Machado em seu estilo).

3. Por exemplo, ele não desejava ver sua correspondência publicada (carta de 21 de abril de 1908 a José Veríssimo e nas retribuições de Veríssimo datadas de 23 e 24 de abril [*Correspondência*]), deixando orientações específicas de que as cartas trocadas entre ele e sua mulher, juntamente com outras recordações, deveriam ser queimadas em sua morte (Lúcia Miguel Pereira, *Machado de Assis*, p. 112). Cf. *idem*, p. 22; Augusto Meyer, "Introdução", *Exposição Machado de Assis: Centenário do Nascimento de Machado de Assis 1839-1939*, Rio de Janeiro, Instituto Nacional do Livro, 1939, p. 13.

4. Como na advertência de 1907 de *A Mão e a Luva* ou na advertência de *Relíquias de Casa Velha* (*Relíquias de Casa Velha*, I).

5. Este aviso, frisado repetidamente, pode ser resumido nas duas seguintes passagens do romance *Esaú e Jacó*: "O leitor atento, verdadeiramente ruminante, tem quatro estômagos no cérebro, e por eles faz passar e repassar os atos e os fatos, até que deduz a verdade, que estava, ou parecia estar, escondida" [cap. LV].

estão tão artisticamente integrados em cada uma de suas obras que cada parte, mesmo que não demonstre relação aparente, age para formar o significado do todo.

Neste estudo, tentei obedecer a estas duas injunções do autor. Uma vez que o conjunto da obra de Machado de Assis apresenta a emergência de um intelecto estável e consistente, com ideias e formas que aparecem, reaparecem e se desenvolvem, mergulhei em suas obras para elucidar um único romance. Visto que o próprio Machado de Assis se referiu diversas vezes a Shakespeare com respeito a suas ideias recorrentes, tentei remontar tais referências (pertinentes) a sua fonte. Mas o núcleo de meu estudo consiste em responder duas questões suscitadas diretamente do próprio *Dom Casmurro*, uma subsidiária à outra. A questão principal é: "A heroína é culpada de adultério?"; a subsidiária, "por que o romance é escrito de tal forma a deixar a questão da culpa ou inocência da heroína para decisão do leitor?"

Embora *Dom Casmurro* tenha sido publicado em 1900, nenhuma análise abrangente a respeito foi feita ainda. Os estudiosos de Machado de Assis que mencionaram este romance assumiram, praticamente sem exceção, a heroína como culpada[6]; mas há poucas indicações de que algum estudo tenha realmente dado conta do assunto.

A segunda questão nem sequer foi formulada por críticos de Machado de Assis, ainda que uma resposta para *ela* pareça ser

---

"Explicações comem tempo e papel, demoram a ação e acabam por enfadar. O melhor é ler com atenção" [cap. V].

6. Por exemplo, José Veríssimo, *História da Literatura Brasileira*, 3. ed., Rio de Janeiro, 1929, pp. 427-428; Afrânio Coutinho, *A Filosofia de Machado de Assis*, Rio de Janeiro, Vecchi, 1940, p. 155; Barreto Filho, *Introdução a Machado de Assis*, pp. 55, 195-197; Augusto Meyer, *À Sombra da Estante*, Rio de Janeiro, José Olympio, 1947, pp. 45-61; José de Mesquita, "De Lívia a Dona Carmo", *Machado de Assis: Estudos e Ensaios*, Rio de Janeiro, Federação das Academias de Letras do Brasil, 1940, pp. 15 e 28.

uma parte essencial da resposta à questão principal, senão sua própria chave.

As evidências que reuni para responder estas duas questões irão, assim espero, deitar luzes na mensagem deste romance de Machado de Assis e na de outros, além de fornecer alguma (pequena) compreensão acerca de seu método narrativo.

É com prazer que agradeço aos amigos que estimularam a realização deste pequeno livro com seu auxílio e encorajamento.

Do *campus* da Universidade da Califórnia, em Los Angeles, agradeço a Ada Nisbet e John J. Espey do departamento de inglês; Albert H. Travis, catedrático de Estudos Clássicos, e Paul Friedlander do mesmo departamento; a Marion A. Zeitlin, minha antiga professora e ainda minha baluarte e mentora em assuntos brasileiros – a todos minha mais sincera gratidão.

Gostaria de agradecer ao Ministro Brasileiro de Relações Exteriores por colocar a minha disposição um microfilme do manuscrito de *Esaú e Jacó* e pelo simpático amparo sempre ofertado no consulado de Los Angeles; sou profundamente devedora aos ex-cônsules Sérgio Corrêa da Costa, Antônio Corrêa do Lago e Galba Samuel Santos, e ao atual cônsul, Raul de Smandek, um amigo de longa data.

Agradeço de coração a Ilda Stichini, que compartilhou comigo sua visão de literatura portuguesa.

Devo gratidão à equipe da biblioteca da Universidade da Califórnia em Los Angeles – em particular, aos membros do departamento de referência, e à minha colega de português Helene Schimansky, do departamento catalográfico.

Uma palavra especial de apreço deve ser endereçada a John H. Jennings e James Kubeck, da editora da Universidade da

Califórnia, por demonstrarem interesse solícito por este livro e paciência generosa com a autora.

Agradeço, finalmente, à Noonday Press pela permissão de citar minha tradução de *Dom Casmurro* (1953).

HELEN CALDWELL, 1960

1
A *LOVE STORY* DE SANTIAGO

O primeiro romance de Machado de Assis veio a público em 1872. Vinte e oito anos mais tarde, ele publicaria sua obra-prima – *Dom Casmurro* – talvez o maior de todos os romances do continente americano[1]. Em ambos os li-

---

1. Samuel Putnam, *Marvelous Journey: A Survey of Four Centuries of Brazilian Writing*, New York, Knopf, 1948, considera Machado de Assis (p. viii) "um dos maiores escritores de todos os tempos", além de (p. 17) "um romancista incomparável". Cf. *idem*, pp. 37, 178 e 182-183. Arturo Torres-Ríoseco, *New World Literature*, Berkeley e Los Angeles, University of California Press, 1949, p. 208, afirma: "Como romancista e contista, ele não encontra rival tanto em sua língua quanto em língua espanhola". Cf. Manuel de Oliveira Lima, "Machado de Assis et Son Œuvre Littéraire", em *Machado de Assis et Son Œuvre Littéraire*, Paris, Michaud, 1909, p. 24; Mário de Andrade, *O Empalhador de Passarinho: Obras Completas XX*, São Paulo, Martins, [1946], pp. 29-30, 33; José Lins do Rego, *Conferências no Prata*, Rio de Janeiro, C.E.B., 1946, pp. 36-38.
A respeito do lugar de Machado de Assis nas letras brasileiras, consultar: William F. Lamont, "The Nobel Prizes of Literature", *Books Abroad*, vol. XXV, n. 1, Winter, 1951, p. 14; Francisco de Assis Barbosa, "Romance, Contos, Novelas", *Manual Bibliográfico de Estudos Brasileiros*, ed. Rubens Borba de Moraes e William Berrien, Rio de Janeiro, Gráfica Editora Nacional, 1938, p.

vros, o leitor testemunha a luta entre o amor e o ciúme pela possessão do coração de um homem, sendo o amor tardia, mas totalmente derrotado.

O ciúme nunca deixou de fascinar Machado de Assis. Em suas obras, seja em artigos ou na ficção, ele frequentemente faz pausas para manipular um lento bisturi sobre alguma nova manifestação de ciúme. O ciúme ocupa um espaço importante em sete de seus nove romances; a trama de dez contos[2] trata dessa vil paixão – embora, nos sete últimos, o tratamento seja irônico, senão duramente cômico.

O *Otelo* de Shakespeare aparece no argumento de vinte e oito narrativas, peças e artigos[3]. *Otelo* não foi a única peça de

68; Álvaro Lins, *Jornal de Crítica: Primeira Série*, Rio de Janeiro, José Olympio, 1941, p. 171; Lúcia Miguel Pereira, "Três Romancistas Regionalistas", em *O Romance Brasileiro de 1752 a 1930*, ed. Aurélio Buarque de Hollanda, Rio de Janeiro, Cruzeiro, 1952, p. 114; e Lúcia Miguel Pereira, *História da Literatura Brasileira XII: Prosa de Ficção de 1870 a 1920*, Rio de Janeiro, José Olympio, 1950, pp. 11 e 16. A respeito do lugar de *Dom Casmurro* na obra de Machado, poderíamos citar uma votação, ocorrida em 1943, promovida por um jornal do Rio de Janeiro, em que 180 escritores brasileiros elegeram os dez maiores romancistas produzidos pelo país. Machado de Assis não só foi o primeiro da lista, como a maioria dos votos de melhor romance foram para *Dom Casmurro* (consultar Samuel Putnam, "Brazilian Literature", *Handbook of Latin American Studies*, 1943, p. 396). Cf. Barreto Filho, "Machado de Assis", em *O Romance Brasileiro de 1752 a 1930*, p. 145 (*Dom Casmurro* é um apogeu que não foi ultrapassado) e Barreto Filho, *Introdução a Machado de Assis*, Rio de Janeiro, Agir, 1947, pp. 188, 193, 198.

2. "Três Tesouros Perdidos", "A Mulher de Preto", "O Segredo de Augusta", "O Relógio de Ouro", "A Parasita Azul", "Nem Uma Nem Outra", "Sem Olhos", "Papéis Velhos", "Troca de Datas", "A Cartomante".

3. Nos romances *Ressurreição* (cap. IX), *A Mão e a Luva* (cap. II), *Helena* (cap. XXV), *Quincas Borba* (caps. XL, LXXV, LXXVII, CXLIII), *Memórias Póstumas de Brás Cubas* (cap. XCVIII), *Dom Casmurro* (caps. LXII, LXXII e CXXXV); nos contos "Questão de Vaidade", "Astúcias de Marido", "Onda", "Aurora Sem Dia", "Sem Olhos", "Curta História", "O Diplomático"; na peça *O Protocolo*; em críticas e comentários publicados no *Diário do Rio de Janeiro*, de 16 de dezembro de 1861 e 7 de fevereiro de 1865 (*Chronicas*, I, II); "Conversas com as Mulheres", *Semana Ilustrada*, Rio de Janeiro, 18 de junho de 1865 (*Contos e Crônicas*, pp. 110-111); "Notícia da Atual Literatura Brasileira – Instinto de Nacionalidade", *O Novo Mundo*, New York, 24 de

Shakespeare da qual Machado se serviu: *Romeu e Julieta* serve de trama para um romance e nove contos; o personagem Hamlet aparece um pouco por contaminação – mesmo quando se está tratando dos Otelos; Ofélia, Jaques, Caliban, Lady Macbeth e

março de 1873 (*Crítica Litterária*); "O Primo Basílio" (1º artigo, datado de 16 de abril de 1878); sua coluna "A + B", *Gazeta de Notícias*, Rio de Janeiro, 12 de setembro e 4 de outubro de 1886 (*Diálogos e Reflexões de um Relojoeiro*, pp. 24 e 40-41); em sua coluna "A Semana", *Gazeta de Notícias*, Rio de Janeiro, 15 de janeiro e 29 de outubro de 1893, 28 de julho de 1895, 2 e 9 de agosto e 27 de dezembro de 1896 (*A Semana*, I, II, III); "Rossi – Carta a Salvador de Mendonça", *A Reforma*, Rio de Janeiro, 20 de julho de 1871, republicado em Machado de Assis (*Páginas Esquecidas*, ed. Eloy Pontes, Rio de Janeiro, Casa Mandarino, 1939).

Segundo Joaquim Nabuco (*Escriptos e Discursos Literários* [São Paulo, Companhia Editora Nacional, 1939], pp. 25-33), o gosto por Otelo foi despertado na geração de Machado pelo ator brasileiro João Caetano dos Santos. O ator representou *Otelo* pela primeira vez no Rio de Janeiro em 1857. O texto era uma tradução portuguesa em verso feita pelo poeta brasileiro Domingos José Gonçalves de Magalhães, a partir da adaptação francesa de Jean-François Ducis. Apesar dessa "tripla pulverização" de Shakespeare, nas palavras de Nabuco, Otelo tornou-se o papel mais popular de João Caetano.

Machado de Assis menciona João Caetano várias vezes em seus escritos. Também há menções sobre os atores italianos Adelaide Ristori e Rossi, que representaram Shakespeare no Rio de Janeiro, após a morte de João Caetano.

Tudo indica uma familiaridade de Machado com a tradução de *Otelo* de Alfred de Vigny, desde o princípio: em seu conto "Onda", publicado em 1867, ele transforma as palavras de Otelo "false as water" (V, ii, 132) em "pérfida como a onda". A tradução de Vigny (*Œuvres Complètes/Théatre/I*, ed. Baldensperger Paris, Conard, 1926) é "Perfide et légère/Comme l'onde". Mesmo em *Dom Casmurro*, podemos encontrar o que parece ser um resquício da tradução de Vigny. No início do capítulo CV, ao listar as virtudes e falhas de sua mulher, à maneira de Otelo, (III, iii, 183-186), Santiago cita uma queda por joias – que não existe em Shakespeare, mas *se encontra* na tradução de Vigny (III, iii):

Que ma femme aime encore ce que son âge entraine,
La danse et les concerts, le monde et sa gaîté,
Qu'elle aime les bijoux, parle avec liberté.

E Machado de Assis utiliza, em três das passagens citadas acima ("Carta a Salvador de Mendonça", *Ressurreição* e *Gazeta de Notícias* de 2 de agosto de 1896), a grafia "Yago", possivelmente derivada de Vigny, que a adota.

É possível que o barulho em torno do *Otello* de Verdi (que teve estreia em Nápoles, em 1890, dez anos antes da publicação de *Dom Casmurro*) tenha levado Machado de Assis a usar *Otelo* e símbolos operísticos na composição da vida de outros personagens ressurgem miraculosamente nos subúrbios do Rio de Janeiro. Mas detenhamo-nos, neste trabalho, em *Otelo* e *Dom Casmurro*.

Machado de Assis tece a narrativa de *Dom Casmurro* a partir de uma invenção de sua imaginação: o protagonista, Bento Santiago, um senhor de cinquenta e sete anos, vivendo em reclusão em um subúrbio do Rio de Janeiro. Santiago chama a si mesmo "Otelo", mas sua franqueza desembaraçada, calma imparcialidade e raciocínio assemelham-se mais propriamente ao estilo dissimulado do "honesto Iago" que ao do apaixonado Otelo.

Sem demora ele aparenta ser um homem sutil e, além de tudo, um advogado, cujas palavras convém ao leitor pesar cuidadosamente. No primeiro capítulo, por exemplo, ele explica o título de sua narrativa – "Dom Casmurro" é um apelido que lhe foi dado por um vizinho e rapidamente adotado por toda a vizinhança.

> Não consultes dicionários. *Casmurro* não está aqui no sentido que eles lhe dão, mas no que lhe pôs o vulgo de homem calado e metido consigo[4].

Mas o que acontece se consultarmos dicionários? A definição que ele não deseja que vejamos é esta: "aquele que é teimoso,

---

Santiago; mas nada mais se encontra que sugira uma relação mais próxima entre o romance de Machado e a obra de Verdi.

Machado de Assis estava, sem dúvida, lendo Shakespeare por volta de 1870, quando fez sua "paráfrase em verso" "A Morte de Ofélia" [*Poesias Completas*]. (Data também desse ano sua tradução de *Oliver Twist* para o *Jornal da Tarde*. Ele já havia tido algum contato com a língua inglesa ainda em 1859, quando fez sua tradução de "Raven" ("O Corvo") de Poe mantendo a métrica do original.) Há evidências em sua obra que sugerem um estudo contínuo de Shakespeare no original. (Até onde cheguei, pude encontrar 255 referências diretas a Shakespeare, incluindo referências a vinte de suas peças.)

4. *Dom Casmurro*, cap. I.

O OTELO BRASILEIRO DE MACHADO DE ASSIS

implicante, *cabeçudo*". Talvez porque pudéssemos achar que a definição padrão antiga se aplica melhor a Santiago do que aquela que *ele* fornece[5].

Antes, contudo, passemos os olhos pela estória de seu amor e ciúme da maneira como escrita por ele, sem questionarmos muito a respeito de sua veracidade ou capacidade de ver as coisas como elas realmente são.

É ele mesmo quem revela que se trata da história de Otelo, mas com uma certa diferença, e muito importante: sua Desdêmona é culpada. Há outras diferenças menos importantes. Nosso Otelo brasileiro, no começo de sua fábula, não é ainda um homem maduro, um guerreiro orgulhoso de ares e tez sombrios, vestido rica e estranhamente, que viu meninos tornarem-se homens. É um menino de quinze anos, dado a fantasias cotidianas que talvez se igualem em cores e vivacidade às maravilhas conhecidas por Otelo. Não há nada de rijo e bélico em Santiago – ele é até um pouco covarde, algumas vezes; basta-nos, para isso, observar a posição em que primeiro o encontramos, escondido atrás de uma porta. É cristão, católico, avesso a derramamentos de sangue, o filho único de uma viúva abastada, preso à barra da saia da mãe.

Sua Desdêmona é a vizinha da casa ao pé, Capitolina, ou simplesmente Capitu, de apenas catorze anos[6], porém alta e bem desenvolvida para sua idade – na verdade, um pouco mais alta que nosso protagonista. Não tem nada da veneziana bem--nascida; é, antes, uma menina pobre: veste chita, lava as mãos em água e sabão comuns, usa sapatos gastos e remendados com as próprias mãos; e, embora, como Desdêmona, ela contemple a

---

5. Em anos mais recentes, os dicionários de português ampliaram a definição de "casmurro" de modo a incluir o significado especial dado por Santiago.

6. É a mesma idade de Julieta; a respeito do uso deste símbolo por Machado, consulte a nota 49 do capítulo 8 deste estudo.

própria beleza em um espelho (presumivelmente de fabricação italiana), é em um espelhinho barato, comprado por catorze centavos de um mascate italiano. Seu pai, Pádua, como Brabantio, é da repartição do governo consultada em tempo de guerra (mas, como é sabido, o Brasil é, decididamente, muito pobre em matéria de guerras); não é um "senador", mas um empregado mal remunerado do Ministério da Guerra. É um homem afetuoso e de bom coração, porém de espírito débil, que deixa seu salário e outros assuntos da vida de natureza prática a cargo de sua competente mulher e de sua filha sensível e bela, para poder empregar todos os seus esforços mentais na construção de gaiolas para canários e gaturamos, dos quais é um ávido colecionador. Insinua-se inclusive que seja egoísta, grosseiro e vulgar, dado a poucas companhias. Entretanto, Capitu tem a dignidade e o orgulho de uma dama bem-nascida, e um entendimento da vida, de homens e mulheres muito além de sua idade – maior até que o da veneziana Desdêmona.

Nosso Michael Cássio é um colega de seminário de Santiago, Ezequiel Escobar. Como Cássio, Escobar é um ótimo "matemático", elegante, cortês, atraente. Como Cássio, é confidente do namoro de Santiago, estimula o caso de amor entre os jovens amantes e serve de portador de suas cartas.

O Iago do enredo, segundo nosso protagonista, é José Dias, um completo dependente da família de Santiago. Como seu protótipo shakespeareano, ele gasta suas energias oferecendo conselhos gratuitos, sem possuir qualquer outra ocupação regular. Santiago diz que ele faz isso "só para fazer mal", opinião compartilhada por prima Justina, uma parenta pobre que serve de companhia à mãe de Santiago.

Quando encontramos o jovem Santiago (Bentinho) pela primeira vez, ele se acha escondido atrás da porta da sala de estar, espionando. No interior da sala, José Dias adverte a mãe de

Bentinho, Dona Glória, de que, se ela ainda deseja fazer do filho um padre, é hora de tomar uma atitude e mandá-lo ao seminário; do contrário, um sério obstáculo surgiria, se já não o houvesse. Inquirido por uma explicação, José Dias, com aparente relutância, explica que Bentinho e Capitu andam sempre "metidos pelos cantos" e, se eles pegassem de namoro, ela teria um sério problema em mãos. Dona Glória rejeita essa ideia – para ela, não passam de duas crianças, amigas desde pequenas – mas concorda que é hora de mandar Bentinho para o seminário.

Não é preciso muita reflexão da parte de Bentinho para reconhecer a verdade das palavras de José Dias: ele *está* apaixonado por Capitu, e ela por ele. Então, ele se dirige à casa ao lado e a encontra escrevendo seus nomes juntos, no muro do quintal.

Quanto a ser um padre, era já uma estória antiga. O primeiro filho de Dona Glória nascera morto. Ela prometera a Deus que, se Ele lhe desse um segundo filho e fosse um menino, faria dele um padre. Nos últimos anos, entretanto, nada havia sido comentado a respeito, e Bentinho considerou isso um assunto encerrado.

Quando Santiago conta a Capitu a decisão de sua mãe de mandá-lo ao seminário, ela tem primeiro um misto de raiva e desespero – raiva de Dona Glória – mas, depois, olha para o problema de modo prático e inteligente. Após considerar quem poderia ajudá-los, decide-se por José Dias: ele é esperto e persuasivo, simpático a Bentinho e inclinado a trabalhar para ele, tendo-o como seu futuro senhor. Bentinho deveria adulá-lo, convencê-lo de que não podia tornar-se padre, e fazê-lo persuadir Dona Glória. Capitu prevê até sua separação momentânea de Bentinho, para que ele estude Direito em São Paulo, ou mesmo na Europa. José Dias gostava de viajar; acompanharia Bentinho. Se tivesse vontade de ir, por menor que fosse, persuadiria Dona Glória.

Santiago teria solucionado a questão de um modo mais fácil: pedindo a Deus para mudar a cabeça da mãe, ou fazendo com que o imperador (o representante de Deus no mundo) interviesse a seu favor, mandando-o à escola de medicina do Rio de Janeiro, de modo que não tivesse que deixar a cidade e Capitu. Capitu rejeita tais esquemas quiméricos, Santiago segue suas instruções e dobra José Dias, dando-lhe a esperança de uma viagem à Europa. Ele não diz nada a respeito de seu interesse em Capitu, obviamente. Na verdade, durante a interlocução, José Dias o adverte quanto ao excesso de intimidades com a família Pádua, inferiores moral e socialmente a um Santiago, embora admita que Capitu, a não ser por seus olhos – olhos de cigana dissimulada – não seja tão má.

O comentário tem efeito imediato, e o pequeno retorna, mais tarde, à casa de Pádua, para olhar com mais cuidado os olhos de Capitu; olhar esse que leva, deliciosa e gradualmente, ao primeiro beijo.

José Dias faz um bom trabalho em despertar os impulsos sexuais adolescentes de Santiago e direcioná-los a um objeto. Faz mais: coloca um obstáculo no caminho de seu amor – o seminário, a separação sem volta, ou, pelo menos, por tempo indeterminado. Sob essa verdade impetuosa, Capitu e Bentinho prometem amor eterno e juram solenemente que se casarão. Em seguida, analisam séria, paciente e cuidadosamente a tarefa de superar o obstáculo.

Santiago vai para o seminário, mas com a garantia total de José Dias de que irá remediar a situação atual, conseguindo que Dona Glória o mande à Europa estudar Direito. O remédio vem mais rápido do que José Dias esperava. Dentre os colegas de Santiago, seu melhor amigo, Escobar, também está determinado a sair do seminário, para entrar no ramo dos negócios. É ele quem acha a solução: Dona Glória deve pagar a educação de algum órfão que substitua seu filho no cumprimento da promessa. A solução, depois de aprovada pelo bispo, por intermédio do padre da família, Cabral, é aceita por Dona Glória. Bentinho deixa o seminário aos dezessete anos, vai a São Paulo estudar Direito e, ao cabo de cinco anos, volta com seu diploma e casa--se com Capitu.

Grosso modo, é esta a estrutura dos dois terços iniciais da fábula de Santiago; porém, é no interior de Santiago que se passa a verdadeira estória – é ali que encontramos nosso Otelo.

Através de seu "conselho", José Dias não planta apenas as sementes do amor em Bentinho; ele planta também a suspeita de que Capitu estaria tramando e acabaria por enganá-lo, através do comentário sobre os "olhos de cigana". Enquanto Bentinho se encontra no seminário, apesar de ir para casa em vários finais de semana, José Dias o visita vezes seguidas para levar notícias da família e relatar os avanços no enfraquecimento da resolução de Dona Glória. Em uma dessas ocasiões, Bentinho pergunta de Capitu. José Dias responde que ela está alegre como de costume, adicionando que ela ainda conseguiria "pegar" um dos rapazes da vizinhança para casamento. A ideia de que Capitu estivesse feliz ao passo que ele estava triste e solitário, e de que estivesse flertando com algum rapaz atraente, transforma o vago sentimento de suspeita de Santiago em ciúme definitivo.

O título desse capítulo é "Uma Ponta de Iago"; desse ponto em diante, o Otelo-Santiago toma para si também o papel de Iago, manipulando seus próprios lenços para atiçar o furor de seu próprio ciúme. O Iago inicial – José Dias – reverte gradualmente sua opinião sobre Capitu, trabalha a favor de sua união com Bentinho, e se reduz à função de um intrometido amável que nunca deixa de descobrir o que está se passando – e até falha em conseguir sua viagem à Europa com tudo pago.

Por algumas semanas, o ciúme flutuante de Santiago recai sobre tudo e contra todos. Então, um domingo, Escobar o visita e, ao deixá-lo, enquanto Santiago despede-se afetuosamente e o coloca no ônibus, em frente à casa, Capitu vê Escobar pela primeira vez. Espia pelas cortinas da janela da frente e, quando Santiago volta-se do ônibus, ela pergunta, da janela: "Que amigo é esse tamanho?"

Nesse momento, um jovem elegante passa em seu cavalo. Ele volta-se na sela e olha para Capitu, e Capitu para ele. O cavalo segue adiante, mas o cavaleiro continua voltado, a fitar Capitu.

Um acesso de ira toma conta de Santiago, mas ele não tem consciência de que seu ciúme se fixa em Escobar; pensa que é causado pela passagem do jovem dândi a cavalo, que casualmente olha para Capitu quase no mesmo instante em que ela olha para Escobar. É o Santiago-narrador que insinua que o verdadeiro objeto de seu ciúme é Escobar. E Escobar é um rapaz que facilmente causaria inveja, devido às suas próprias qualidades. Ele é inteligente, um verdadeiro gênio em matemática e lógica; é musculoso; tem modos elegantes. A única superioridade de Santiago sobre Escobar (na opinião de Santiago) consiste em ser o filho único de uma mulher santa, aristocrática e abastada. A mãe de Escobar estava morta; e ele era pobre.

Pouco antes do casamento de Santiago e Capitu, Escobar casa-se com a melhor amiga desta, Sancha. Os dois jovens casais tornam-se inseparáveis. Escobar investe no comércio de café e enriquece, além de arranjar as primeiras causas legais para Santiago. Os ataques de ciúme de Santiago continuam sem interrupção. Em sua lua de mel, parece-lhe que Capitu está ansiosa para voltar ao Rio de Janeiro. Quando vão a bailes, os homens ficam reparando em seus belos braços. Em casa, se sua atenção divaga por um instante, ele desconfia de seus pensamentos; se contempla o mar, ele tem ciúmes do mar. Até onde o leitor pode saber, ele não tem consciência de que é Escobar o objeto de seu ciúme. O Santiago-narrador, todavia, por meio de insinuações sutis, reúne evidências contra Escobar e Capitu.

Dois anos após o casamento, Santiago e Capitu têm um filho – Ezequiel – que demonstra, desde cedo, talento para imitar seus próximos, dentre outros, Escobar. Aos olhos de Santiago, Ezequiel se parece fisicamente com Escobar; à medida que o menino cresce, a semelhança aumenta. Embora Santiago se satisfaça em explicar a semelhança com racionalizações, e note que cada ato, palavra e gesto, tanto de Capitu quanto de Escobar, demonstram sua inocência, ao mesmo tempo, sua suspeita latente converte, de alguma forma, essas provas autênticas em combustível para alimentar seu ciúme a fogo lento – até que também o leitor começa a acreditar na culpa dos dois.

Certa noite, Santiago fita os olhos de Sancha e segura sua mão. Ele fantasia que ela corresponde a seu interesse e à pressão de sua mão, e planeja realizar alguns sérios avanços com ela mais tarde. Na manhã seguinte, Escobar (um excelente nadador) é arrastado por uma forte arrebentação. É legada a Santiago a função de executor testamentário dos bens do falecido. Tudo no testamento deste último – suas vontades, expressas na carta que deixa a Santiago – indica sua dedicação ao amigo e a inocência de qualquer ato de deslealdade. Mais uma vez, o ciúme de Santiago interpreta as evidências à sua maneira, e de modo tão racional que o leitor fica inclinado a partilhar suas suspeitas.

Uma vez que Sancha é tomada de profundo sofrimento com a perda do marido, Santiago começa a desmentir sua interpretação dos sentimentos dela a seu respeito; sua inveja de Escobar aumenta. No funeral, quando Capitu tenta gentilmente afastar Sancha, cheia de dor, do caixão, também olha para o defunto. "Momento houve em que os olhos de Capitu fitaram o defunto,

[...] grandes e abertos, como a vaga do mar lá fora, como se quisessem tragar também o nadador da manhã." Enquanto Santiago a observa, seu ciúme vem sem freios à tona da consciência.

Ele não consegue mais tolerar a presença de Ezequiel (agora com sete anos de idade) e o manda para um internato. Começa ele mesmo a se ausentar de casa, e sua mente trama dia e noite uma vingança. Estrangulamento seria pouco para Capitu, porque era culpada, não inocente como Desdêmona... e se Desdêmona fosse tão culpada quanto Capitu? Que fim o Mouro teria concebido para ela? "Um travesseiro não bastaria; era preciso sangue e fogo, um fogo intenso e vasto, que a consumisse de todo, e a reduzisse a pó, e o pó seria lançado ao vento, como eterna extinção..." Ele tenta se envenenar, tenta envenenar Ezequiel, mas sua mão estaca – um pouco por ser um brasileiro do século dezenove, cristão e católico, um pouco por conceber uma vingança mais cruel e refinada.

De repente, ele se torna um homem de ação. Faz suas acusações a Capitu. ("Pois até os defuntos!" ironiza Capitu, melancólica, "Nem os mortos escapam aos seus ciúmes!") Leva Capitu e Ezequiel para a Suíça e lá os deixa, longe de casa, dos amigos, da família, longe dele. Às cartas afetuosas e cheias de saudade dela, ele responde fria e brevemente. Ela pede que vá vê-la. Ele vai à Europa repetidas vezes. Quando amigos e familiares perguntam dela, ele responde como se a tivesse visto – mas ele nunca mais a viu. Leva prostitutas para casa, que não conseguem fazê-lo esquecer Capitu. Não obstante, como ele mesmo diz com frequência, "come bem" e "não dorme mal".

Um dia, Ezequiel, já adulto, vem vê-lo. "A mãe [diz Santiago ao leitor] creio que ainda não disse que estava morta e enterrada. Estava; lá repousa na velha Suíça." Como Desdêmona, ela morre adorando seu Otelo. Ezequiel está ansioso por ver seu pai, pois Capitu falou muito a seu respeito, enaltecendo-o como "o homem mais puro do mundo, o mais digno de ser querido". Para Santiago, Ezequiel é, sem tirar nem pôr, seu antigo colega de seminário saído do cemitério. Fica feliz por pagar as despesas de uma expedição arqueológica de Ezequiel ao Oriente Médio, mas resmunga ainda uma vez: "[...] uma das consequências dos amores furtivos do pai era pagar eu as arqueologias do filho; antes lhe pegasse a lepra". Santiago fica horrorizado com sua própria imprecação – o que não o impede de, um ano mais tarde, ao receber a notícia da morte de Ezequiel por febre tifoide, jantar bem e ir ao teatro.

A conclusão à qual Santiago gradualmente leva o leitor é que a traição perpetrada por sua adorável esposa e seu adorável amigo age sobre ele, transformando o gentil, amável e ingênuo Bentinho no duro, cruel e cínico Dom Casmurro.

2
O LENÇO DE DESDÊMONA

Essa é a estória de Santiago – uma estória de traição pela mulher com o melhor amigo. Mas Machado de Assis (em contraste com sua criatura Santiago) não tinha o hábito de escrever romances de intriga. A base de seus romances, como ele mesmo afirma em mais de uma ocasião, é mostrar o drama resultante da inter-relação de naturezas contrastantes[1]. Ele acredita evidentemente ser esta a *única* base para um enredo. Em sua famosa crítica de *O Primo Basílio*[2], de Eça de Queirós, e da escola naturalista, ele afirma sua crença com termos muito claros:

---

1. Por exemplo, seu prefácio à primeira edição de *Ressurreição* e seu prefácio de 1874 de *A Mão e a Luva*. Lúcia Miguel Pereira (*História da Literatura Brasileira XII: Prosa de Ficção de 1870 a 1820*, Rio de Janeiro, José Olympio, 1950, p. 102) é de opinião que Machado de Assis quebra sua regra em *Dom Casmurro* e recorre a uma circunstância fortuita, a saber, a semelhança entre Ezequiel e Escobar.
2. *O Cruzeiro*, 16 e 30 de abril de 1878 (*Crítica Literária*).

Ora, a substituição do principal pelo acessório, a ação transplantada dos caracteres e dos sentimentos para o incidente, para o fortuito, eis o que me parece incongruente e contrário às leis da arte. [...] O lenço de Desdêmona tem larga parte na sua morte; mas a alma ciosa e ardente de Otelo, a perfídia de Iago e a inocência de Desdêmona, eis os elementos principais da ação. O drama existe, porque está nos caracteres, nas paixões, na situação moral dos personagens: o acessório não domina o absoluto; é como a rima de Boileau: *il ne doit qu'obéir*.

Santiago nos diz que a grande diferença entre sua estória e a de Otelo é que Capitu é culpada. Mas não existiria, por acaso, uma diferença mais óbvia, que surge da própria natureza de Santiago? O "acessório" – o "lenço de Desdêmona" – em *Dom Casmurro* é a semelhança, ou, antes, a fantasia da semelhança, entre Ezequiel e Escobar. O Iago putativo de Santiago, José Dias, abandona o papel muito antes dessa semelhança vir à cena. É Santiago quem a descobre; é Santiago quem manipula o "lenço". Devemos reler, então, a fórmula da ação dramática de Machado: a alma ciumenta de Otelo-Santiago, a perfídia de Iago-Santiago e a culpa (ou inocência) de Desdêmona-Capitu – eis os principais elementos da ação. O drama existe porque está nas naturezas, nas paixões e na condição espiritual de Otelo-Santiago, Iago-Santiago e Desdêmona-Capitu; a semelhança entre Ezequiel e Escobar não controla esses caracteres, cujas paixões a ação dimana.

Permitam-nos examinar os três "elementos principais" em *Dom Casmurro* e compará-los com suas contrapartes em *Otelo*. Uma vez que a culpa ou a inocência de Capitu dependem inteiramente do testemunho de Santiago, cujo ciúme, por si só, já torna seu testemunho suspeito, irei postergar o elemento Desdêmona para os últimos capítulos e tomar no momento somente os elementos Otelo e Iago.

É verdade, como relata Santiago, que José Dias inicia como Iago; mas trata-se, na melhor das hipóteses, de uma espécie miserável de Iago, de ambições humildes e pouco interesse em di-

O OTELO BRASILEIRO DE MACHADO DE ASSIS

nheiro: quarto e comida, um bilhete ocasional para o teatro, uma viagem à Europa e a admiração da família Santiago – isto é tudo o que pede da vida. Embora sua inveja da influência da família Pádua o leve a "denunciar" Capitu e Bentinho e, dessa forma, antecipar o seminário para este último, a conivência com os jovens Desdêmona e Otelo vence com facilidade, e ele passa a trabalhar em favor dos dois – primeiro, ao tirar Bentinho do seminário e, depois, ao promover o casamento. É provavelmente essa mesma inveja que o incita a comentar os "olhos de ciga-na" de Capitu e a maquinação de Pádua para se unir à família Santiago, além de insinuar o envolvimento de Capitu com um dos pequenos aristocratas da vizinhança. Com esta última ob-servação, seu poder como um Iago consciencioso desaparece e ele se reduz ao papel de um intrometido amável que trabalha para a felicidade do clã Santiago. O Iago de Shakespeare diz a Cássio*: "Seguindo-o, apenas sigo a mim próprio"[3]**. José Dias leva realmente adiante esse propósito: chega a identificar-se a si mesmo com a família Santiago – seu bem-estar e felicidade tornam-se também seus. O "par casado de pecado e virtude", que Santiago diz estar em cada um de nós quando lutamos para controlar nossas vidas, pode ser encontrado no amor-próprio e na dedicação aos patrões de José Dias – e a dedicação vence. (Em Santiago há um conflito similar, mas a resolução, como veremos, é bem diferente.)

---

* Caldwell se equivoca; na verdade, é a Rodrigo (Roderigo) que Iago fala (N. do T.).

3. *Othello*, I.i.58.

** As passagens citadas de Shakespeare pela autora foram retiradas de *The Complete Work of William Shakespeare*, ed. W. J. Craig (London, Oxford University Press, 1943). Neste trabalho, foram utilizadas as traduções das peças de Shakespeare feitas por Carlos Alberto Nunes, em *Teatro Completo*, 2. ed., Rio de Janeiro, Ediouro, 3 vols., s/d. Em momentos em que elementos da análise de Caldwell se perderem na tradução citada, traduzirei as passagens, porém considerando os fragmentos de forma independente (N. do T.).

Muito antes de José Dias pôr de lado o manto de Iago, Santiago já se preparava para apanhá-lo. Assim como é rápido para reconhecer a verdade do alvitre de José Dias de que ele e Capitu estavam apaixonados, ele é igualmente rápido em acreditar na astúcia de Capitu como um indício das maquinações de Pádua para se unir à abastada e aristocrática família Santiago. Ele vai além, e envolve a mãe de Capitu, Dona Fortunata, em suas suspeitas. Quando Dona Fortunata surge depois do beijo dos dois jovens amantes, Santiago nos diz:

> [Dona Fortunata] Olhava com ternura para mim e para ela. Depois, parece-me que desconfiou. [...] achou talvez que houvera entre nós algo mais que penteado, e sorriu por dissimulação.

Dona Fortunata surge duas vezes durante a cena da discussão, mas sai sem dizer uma palavra, embora na segunda vez Bentinho esteja abraçado à cintura de Capitu.

A suspeita de Santiago a respeito de Pádua é maior, embora os primeiros indícios sejam discretos e comedidos: as insinuações de José Dias acerca do vizinho, a obsequiosidade de Pádua com seu pequeno vizinho. Na procissão do Santíssimo, quando é pedido a Pádua que ceda o pálio a ele, Santiago diz: "Era pôr à prova o coração de um pai [...] 'Bem, cedo ao nosso Bentinho', suspirou o pai de Capitu". Santiago zomba da ternura que Pádua lhe endereça na véspera da ida para o seminário e interpreta suas lágrimas como vertidas por causa pessoal – desespero de perder as esperanças de ter Santiago como genro: "[...] levava a cara dos desenganados, como quem empregou em um só bilhete todas as suas economias de esperanças, e vê sair branco o maldito número, – um número tão bonito!" A mesma ideia e a mesma imagem se repetem no sonho de Santiago[4]. E, final-

---

4. *Dom Casmurro*, cap. LXIII.

mente, note-se a indiferença com que anuncia a morte de Pádua: "Tudo corria bem. [...] Perdera meu sogro, é verdade [...]"[5].

Nos capítulos iniciais, José Dias é descrito (por Santiago) como um encrenqueiro oficioso, intrometido e dissimulado. Apesar de suas ações posteriores demonstrarem que ele se tornou inofensivo, bem-intencionado, solícito e dedicado, as suspeitas de Santiago a seu respeito continuam. Quando garoto, ele atribui a vontade de José Dias de ajudá-lo a sair do seminário à dissimulação e à insinceridade: uma forma de granjear a simpatia de seu futuro senhor. Até a aparente alegria de José Dias na ocasião do casamento – aceita como verdadeira por Capitu e Bentinho na época – lança-lhe dúvida, como podemos perceber na insinuação do Santiago-narrador de que, em sua felicidade, o jovem casal não questiona o que é, definitivamente, questionável: "A felicidade tem boa alma"[6]. No capítulo seguinte, ele nos recorda que José Dias é um parasita que alterna desjejuns em sua casa com ceias na casa de Dona Glória. Mesmo no final, no capítulo em que José Dias morre, Santiago ainda não consegue dirimir suas dúvidas: "Talvez a esperança dele fosse enterrar-me. [...] Era assim que ele preparava os cuidados da terceira geração; mas a morte veio antes de Ezequiel".

A impressão que Santiago tem de Escobar é a mesma impressão que Iago tem de Cássio, atenuada e encoberta pela confiança e afeição inicial de Otelo pelo companheiro militar "que se achava sempre consigo".

Iago descreve Cássio como "grande matemático", um "florentino" (ou seja, dado à cortesia e adulação insinceras, além de comerciante); um "calculista"; livresco; um palrador volúvel e lisonjeiro; elegante, e de modos insinuantes; justamente o tipo que

---

5. *Idem*, cap. CIV.
6. *Idem*, cap. CIII.

seduz as mulheres e, portanto, suspeito; um "tratante pilantra e hipócrita"; precipitado e colérico, especialmente com bebida[7]. Apenas o último atributo é poupado a Escobar por Santiago. Quanto aos demais, a avaliação fornecida por ambos é praticamente idêntica. Consideremos a primeira descrição de Escobar: é um rapaz esbelto, de mãos e pés fugitivos; é alegre, pensativo e hipócrita ("Respondia-nos sempre que meditava algum ponto espiritual"); tinha boa memória, mas "talvez esta faculdade prejudicasse alguma outra"; veio de Curitiba – que, como Florença, era considerada uma cidade de ofícios de couro e de comerciantes e, mais do que isso, – como Florença à época do nascimento de Machiavelli – Curitiba foi, a bem dizer, fundada por Jesuítas. Santiago insinua que Escobar planejava casá-lo com sua irmã, e que o moço acaba por conquistar sua confiança[8]. Escobar é polido, conversador, de boas maneiras, atraente, elegante (embora tivesse talvez a fronte um pouco baixa). Dedica-se ao comércio e, como descobrimos depois, obtém sucesso. É um perito em cálculos; descobre inteligentemente quantas casas Dona Glória possui e, mais tarde, consegue que ela o financie nos negócios. Seus modos argutos são novamente entrevistos em seu divertimento com o pequeno Ezequiel, que distribui vantajosamente os doces indesejados, e em sua oferta bem-humorada de tornar o menino seu parceiro nos negócios.

Não é somente a Escobar que Santiago atribui um excessivo interesse em dinheiro, mas também a Capitu, com sua pérola de César e as dez libras esterlinas, Pádua, José Dias e talvez até a prima Justina. Mas, e quanto a Santiago?

Iago acusa Cássio de "calculista", quando na verdade é ele, Iago, que coloca as joias de Rodrigo na própria bolsa. As falas

---

7. *Othello*, I.i.19-31; I.iii.403-404; II.i.224-234.
8. *Dom Casmurro*, cap. LVI.

de Iago aludem constantemente ao assunto dinheiro. Da mesma forma, Santiago, além de suspeitar que todos têm um olho na fortuna de sua família, está sempre falando de dinheiro. Ele reduz a relação mais sagrada entre Deus e o homem ao calão dos negócios financeiros – comprar, vender, emprestar e ganhar na loteria. Ainda em tenra idade, começa a comprar favores celestes usando orações como moeda; para não ter que pagar a dívida, ele empenha a alma[9]. Continua renovando e aumentando seu penhor até que, em um apelo desesperado, persuade Deus a cancelar seu débito e celebrar novo contrato em que o negócio corre em valores pecuniários[10]. Até em suas orações pela concepção de um filho ele "paga antecipadamente, como os aluguéis da casa"[11]. As virtudes, nos diz ele, são propriedades verdadeiras e devem ser empenhadas no Purgatório, "uma casa de penhores, que empresta sobre todas as virtudes, a juro alto e prazo curto. Mas os prazos renovam-se, até que um dia uma ou duas virtudes medianas paguem todos os pecados grandes e pequenos"[12]. Mesmo as "virtudes não-intencionais" têm um valor pecuniário, segundo as teorias de finanças interplanetárias de Santiago[13]. Ele imputa idêntica negociação a sua mãe, a qual (diz ele) "reformou sua letra com o Credor arquimilionário" e que, quando o inevitável dia da cobrança chegou, usou de "intenção" como dinheiro[14]. Note-se ainda sua extravagante admiração pela habilidade de Escobar com cifras, a soma

---

9. *Idem*, cap. XX. Comparar a promessa de "mil pai-nossos" de Bentinho neste capítulo ["Mil, mil, mil"] com a do mísero Sales do conto "Entre Santos" ["1.000, 1.000, 1.000"].
10. *Idem*, caps. LXVII e LXIX.
11. *Idem*, cap. CIV.
12. *Idem*, cap. CXIV.
13. *Idem*, cap. XCI.
14. *Idem*, cap. LXXX.

dos aluguéis das casas, que fê-lo abraçar Escobar e chamá-lo de amigo[15]. Da mesma forma que os ternos sentimentos despertados pelas dez libras de Capitu[16] e o rogo de que não lhe comprasse joias[17]. Seus sentimentos de amor eram ideias "douradas"[18]. A morte – a bem dizer, o assassinato – era prêmio melhor que dinheiro; "a morte não se gasta"[19]. Se Capitu provasse inocência de infidelidade, ele não a *"perdoaria"*, mas *"repararia"* a situação – isto é, pagaria por seus danos (a italização é de Santiago)[20]. Não – Santiago se importa com dinheiro; mas, assim como Iago chama Cássio de "calculista", ele diz de Escobar: "[...] descíamos à praia ou íamos ao Passeio Público, fazendo ele os seus cálculos, eu os meus sonhos"[21].

E o Escobar de Santiago, como o Cássio de Iago, nasceu para seduzir as mulheres: vimos quão elegante e atraente ele é. Mas Santiago também tem um caso com uma atriz ou bailarina, exatamente o mesmo tipo de relacionamento existente entre Cássio e Bianca, como relatado por Iago. Durante toda a vida, Santiago-Otelo tem em Escobar um grande amigo. Porém, já no começo de sua amizade, o outro Santiago – o Santiago-Iago – suspeita de sua insinceridade, e as suspeitas seguem aumentando sempre.

A desconfiança de Santiago em relação a Capitu é a urdidura de sua narrativa. É Santiago quem atribui a Capitu a qualidade "ultrassutil" que Iago atribui a Desdêmona. Ela é "reflexiva"; seus modos são "minuciosos" e "atentos"[22]. Com

15. *Idem*, cap. XCIV.
16. *Idem*, cap. CVI.
17. *Idem*, cap. CV.
18. *Idem*, cap. LXXXIV.
19. *Idem*, cap. CXXXIV.
20. *Idem*, cap. CXL.
21. *Idem*, cap. CVIII.
22. *Idem*, caps. XVIII, XXXI e XLII.

cálculo frio, ela teria traçado um plano detalhado. A reordenação da fórmula da jura de fidelidade é atribuída por Santiago a sua sutileza de raciocínio e maquinação – não a seu enorme amor. Em sua lua de mel, sua avidez em retornar à cidade e mostrar seu novo estatuto é interpretado por ele como um indício de um casamento por riqueza e posição social. No capítulo "Dúvidas sobre Dúvidas", ele se refere à "arte fina" de Capitu duas vezes, em três parágrafos, utilizando a mesma expressão novamente alguns capítulos adiante[23]. É Santiago quem insinua – como Iago repetindo o aviso de Brabantio: "Se o pai ela enganou, pode enganar-te" –, mas sua insinuação é mais abrangente: ela enganou a mãe e o pai, e todo mundo, e, portanto, pode enganá-lo. Poderíamos enumerar infinitos exemplos. Suas habilidades superiores em matéria de logro são constantemente relatadas – e invejadas – por Santiago[24]. Ele resume seu ponto de vista no capítulo final: ela era enganadora por natureza, dissimulada de nascença. No mesmo capítulo, ele resume também a ação para nós: a mulher e o amigo adorados – duas naturezas enganadoras – uniram as forças para enganar uma natureza aberta, franca, generosa, cegamente crédula e apaixonada – um Otelo que tão facilmente "pelo nariz poderá ser levado, tal qual os asnos".

Nós observamos que Santiago "inveja" a capacidade de dissimulação de Capitu. Perdura ainda a questão de sabermos se essa inveja se encontra plenamente justificada em sua cabeça, mas trataremos disso mais adiante. Neste momento, permitam-nos simplesmente estabelecer que ele não é exatamente avesso a fazer barganhas com a verdade conforme a ocasião. Recordemos a atitude na qual o encontramos pela primeira vez, atrás da porta, espionando. Ao relatar a Capitu o que ouvira, ele omite a "denúncia" de José Dias, mas quem sabe, como ele mesmo diz,

23. *Idem*, cap. CXXXII.
24. *Idem*, cap. XXXVIII.

isso seja natural da timidez adolescente. Ele segue adiante com o plano astuto de Capitu com bastante vontade e esperteza, e chega a admirá-lo, bem como sua função dentro dele. Mantém segredo frente a prima Justina, Pádua, sua mãe e José Dias. Ao jurar a Capitu que a ama mais do que a sua mãe, Capitu o chama de "mentiroso": o leitor sabe que, na noite anterior, ele disse à mãe que amava somente ela.

Ele é dado a meias-verdades. Explica sua visita à casa de Sancha "com a verdade absoluta" – ou seja, como sendo ideia de sua mãe; mas o que realmente o fez ir até lá foi a insinuação de Justina de que Capitu flertava com um rapaz. Diz à mãe que às vezes sonha com anjos e santos, mas é Capitu quem tem esses sonhos[25]. Após contar uma de suas mentiras a Capitu, ele implora ao leitor: "Não me chames dissimulado, chama-me compassivo"[26]. Censura Capitu por ter esquecido sua canção de amor (o pregão de doces), mas ele também a tinha esquecido.

Quando seu ciúme de Escobar vem à tona, suas dissimulações tornam-se definitivas e calculadas. Ele mente a Capitu sobre suas finanças – para torturá-la e testar sua dedicação. Ele disfarça seus sentimentos em relação ao pequeno Ezequiel e mente para ele sobre visitá-lo no internato. Quando Ezequiel retorna já adulto, Santiago assume deliberadamente "ares de pai". Ele impede Justina de ver Ezequiel. Viaja à Europa com o único propósito de dar a impressão de que visita Capitu, apesar de nunca ter sequer passado perto dela, nem ter tido ao menos a intenção de fazê-lo.

Nada é obstáculo para Iago executar seus planos. Isto não é verdade para Santiago, que tem uma consciência que protesta com frequência. Ele sente remorso depois de desejar a morte da

25. *Idem*, cap. XII.
26. *Idem*, cap. XLII.

O OTELO BRASILEIRO DE MACHADO DE ASSIS

mãe. Mesmo já velho e "casmurro", ele fica horrorizado com seu pensamento de pagar Ezequiel com "lepra", no lugar do dinheiro que estava dando efetivamente. Há uma certa contenda com sua consciência a respeito de seus avanços com Sancha. E, ao quebrar seu juramento e esquecer o pregão de doces, ele constrói uma racionalização toda elaborada para explicar seu lapso. Para voltarmos ao nosso ponto inicial, Santiago não é puramente um Iago: Iago e Otelo, ambos, se encontram nele. Críticos de Shakespeare têm interpretado Iago como "o mal que está em cada um de nós"[27], e como uma personificação da desconfiança e do ciúme de Otelo[28]. O próprio Santiago demonstra sua dificuldade, com a explicação de sua teoria do bem e do mal. Em toda pessoa há pecados e virtudes casados. Quando um cônjuge da união é mais forte que o outro, ele sozinho guia o indivíduo; mas em geral ambos o controlam – uma hora um, outra hora o outro, ou mesmo os dois simultaneamente[29]. Em outras palavras, desconfiança, vaidade, sensualidade e ódio rivalizariam com verdade, candura, generosidade e amor pelo domínio do homem. Na peça de Shakespeare, o amor de Otelo é atacado de fora pela inveja, o ódio e o dolo de Iago. Em *Dom Casmurro*, a disputa tem lugar dentro do mesmo homem.

Para deitar mais luzes na natureza deste conflito, permitam-nos examinar brevemente o primeiro romance de Machado de Assis, *Ressurreição*, que parece conter o germe de *Dom Casmurro*. *Ressurreição* também é uma adaptação de *Otelo* para a cena brasileira contemporânea, mas representa ainda os esforços de um aprendiz. Foi escrita vinte e oito anos antes, quando

---

27. C. M. Brown, *Sophoclean Tragedy*, Oxford, Clarendon Press, 1944, p. 368. Cf. D.G. James, *The Dream of Learning*, Oxford, Clarendon Press, 1951, p. 86.
28. Por exemplo, Paul N. Siegel, "The Damnation of Othello", *Publications of the Modern Language Association of America*, LXVIII (dezembro de 1953), 1070-1071.
29. *Dom Casmurro*, cap. LXVIII.

a arte de Machado ainda não era capaz da prestidigitação que encontramos em *Dom Casmurro*, de modo que os personagens não são os sutis e complexos seres humanos do romance posterior. Os personagens são rígidos e consistentes; embora parcialmente acabados, cada um deles apresenta uma faceta dominante – o que os torna mais fáceis de compreender. Além disso, este romance é narrado por Machado de Assis – não por um personagem fictício – e os apartes elucidativos do autor são francos e diretos, de modo que sua mensagem fica muito clara.

3
O GERME

O tema de *Ressurreição* é a dúvida – dúvida do Eu, que engendra a suspeição sobre os outros. Machado de Assis afirma em sua advertência:

> Minha ideia ao escrever este livro foi pôr em ação aquele pensamento de Shakespeare:
>
> *Our doubts are traitors,*
> *And make us lose the good we oft might win,*
> *By fearing to attempt.*
>
> Não quis fazer romance de costumes; tentei o esboço de uma situação e o contraste de dous caracteres; com esses simples elementos busquei o interesse do livro.

O mesmo tema da dúvida é retomado, junto com a citação de Shakespeare, na página final do romance.

O título *Ressurreição* explica a ação: o "coração" mortificado de um homem, ou sua "capacidade de amar", retorna à vida pela chama quente do amor de uma mulher para, em seguida, voltar novamente à cova, extinto pelo ciúme. O ciúme é engendrado pela "desconfiança"*. (Os dicionários de português definem "desconfiança" como lapso de verdade, disposição para suspeitar da honestidade e sinceridade de outrem, disposição para se sentir ofendido, temor de ser enganado, disposição para exagerar as coisas e tomar observações ou brincadeiras como afronta pessoal, falta de confiança em si e nos outros.)

O enredo pode ser resumido como segue: Félix, um homem citadino abastado e de boa educação, dado a jogos casuais com senhoritas do alto submundo, embora culto e cortês, de discurso refinado e natural e modos despretensiosos, sente-se atraído pela beleza cálida e voluptuosa da jovem e rica viúva Lívia. Apesar de Lívia encorajar uma aproximação, ele a evita até o dia em que, ao ajudá-la a subir em uma carruagem, imagina que ela apertou significativamente sua mão. Nós *sabemos* que ele imaginou tal coisa porque Machado no-lo diz. Félix fica com a ideia errônea de que ela está disposta a ter um caso com ele. Começa a cortejá-la, porém somente por passatempo e sem sérias intenções.

A viúva, com sua fiel e indisfarçável admiração e amor, trata logo de fazê-lo reconsiderar a impressão errônea que teve de suas intenções. Ele, então, começa a se perguntar se ela deveria afetar seu destino mais do que ele havia previsto, e se desse capricho momentâneo não poderia advir a ruína de toda a sua vida. Seu amor, animado pelo de Lívia, afasta para longe seu prazer de conquistar.

A que propósito interviria o coração nesse episódio, que devia ser curto para ser belo, que não devia ter passado nem futuro, arroubos nem lágrimas?

---

* Em português no original (N. do T.).

[...] Que lhe posso eu dar que corresponda a seu amor? O meu espírito, se quiser, a minha dedicação, a minha ternura, só isso... porque o amor... Eu amar? Pôr a existência toda nas mãos de uma criatura estranha... e mais do que a existência, o destino, sei eu o que é isso?[1]

Poucos instantes depois, a "desconfiança" engendra dúvidas em relação à pureza do amor da viúva:

[...] creio que ela sente da mesma maneira que eu. Devia tê-lo percebido. Fala com muita paixão, é verdade; mas naturalmente sabe a sua arte; é colorista. De outro modo pareceria que se entregava por curiosidade, talvez por costume. Uma paixão louca pode justificar o erro; prepara-se para errar. Não me anda ela a seduzir há tanto? É positivo; mete-se-me pelos olhos. E eu a imaginar que...

Quando Félix chegou à casa, estava completamente convencido de que a afeição da viúva era uma mistura de vaidade, capricho e pendor sensual. Isto lhe parecia melhor que uma paixão desinteressada e sincera, em que, aliás, não acreditava.

Tempo, costumes, o amor e a crença leais de Lívia em seu amor, dirimiram temporariamente suas dúvidas. Ele propôs casamento. Mas a velha "desconfiança" ainda vivia, destilando ciúmes que atacaram seu recém-nascido amor.

O amor de Félix era um gosto amargo, travado de dúvidas e suspeitas. Melindroso lhe chamara ela, e com razão; a mais leve folha de rosa o magoava. Um sorriso, um olhar, um gesto, qualquer cousa bastava para lhe turbar o espírito. O próprio pensamento da moça não escapava às suas suspeitas: se alguma vez lhe descobria no olhar a atonia da reflexão, entrava a conjecturar as causas dela, recordava um gesto da véspera, um olhar mal explicado, uma frase obscura e ambígua, e tudo isto se amalgamava no ânimo do pobre namorado, e de tudo isto brotava, autêntica e luminosa, a perfídia da moça[2].

1. *Ressurreição*, cap. VII.
2. *Idem*, cap. IX.

A "desconfiança" de Félix leva-o ao cúmulo de tentar Lívia com outro homem.

Uma só palavra bastava ao médico para arredar do seu caminho aquele rival nascente; Félix repeliu essa ideia, metade por cálculo, metade por orgulho, – mal entendido orgulho, mas natural dele. O cálculo era cousa pior; era uma cilada, – experiência, dizia ele; – era pôr em frente uma da outra, duas almas que lhe pareciam, por assim dizer, consanguíneas, tentá-las a ambas, aquilatar assim a constância e a sinceridade de Lívia.

Assim pois, era ele o artífice do seu próprio infortúnio, com as suas mãos reunia os elementos do incêndio em que viria a arder, senão na realidade, ao menos na fantasia, porque o mal que não existisse depois, ele mesmo o tiraria do nada, para lhe dar vida e ação[3].

Mas o amor de Lívia, que serve de prova cabal contra tudo, continua a reviver e animar o coração de Félix até que o Iago da estória, um certo Dr. Batista, que deseja para si a rica viúva, dá passos definitivos no sentido de mortificá-lo novamente.

Machado não deixa dúvidas acerca do caráter deste vilão. É um modelo de dissimulação e calculismo[4], afeito a remoques vulgares[5], sensual, observador perspicaz, sem paixões ou escrúpulos[6]. Ele constrói um plano para

multiplicar as suspeitas do médico, cavar-lhe fundamente no coração a ferida do ciúme, torná-lo em suma instrumento de sua própria ruína. Não adotou o método de Iago, que lhe parecia arriscado e pueril; em vez de insinuar-lhe a suspeita pelo ouvido, meteu-lha pelos olhos[7].

O "veneno" de Batista é uma carta anônima a respeito de Lívia, enviada a Félix na véspera do casamento. Félix escreve uma

---

3. *Idem*, cap. XII.
4. *Idem*, cap. V.
5. *Idem*, cap. XX.
6. *Idem*, caps. IX e XX.
7. *Idem*, cap. IX.

carta a Lívia no mesmo instante desfazendo o compromisso. Embora tenha agido por impulso, ele se acha convencido de que as informações da carta anônima são verdadeiras. Poucos dias depois, ao ler e reler a carta, convence-se a si mesmo de que agiu com justiça, "aquietando o coração". Ele volta a sua existência plácida e normal, mas recebe uma visita inesperada de seu amigo Meneses. Meneses mostra-lhe que agiu de modo irracional e desperta-lhe a suspeita de que a carta anônima seja trabalho de Batista. Eis o que Machado de Assis tem a dizer:

> Entendamo-nos, leitor; eu, que estou te contando esta história, posso afirmar-te que a carta era efetivamente de Luís Batista. A convicção, porém, do médico, – sincera, decerto, – era menos sólida e pausada do que convinha. A alma dele deixava-se ir ao sabor de uma desconfiança nova [...] todo ele era agora amor e ódio, arrependimento e vingança[8].

Mas Lívia recusa, com tristeza, casar-se com Félix, com esta explicação:

> Ainda assim o irá perseguir esse mau gênio, Félix; seu espírito engendrará nuvens para que o céu não seja limpo de todo. As dúvidas o acompanharão onde quer que nos achemos, porque elas moram eternamente no seu coração. [...] amemo-nos de longe; sejamos um para o outro como um traço luminoso do passado, que atravesse indelével o tempo, e nos doure e aqueça os nevoeiros da velhice[9].

O último capítulo do livro é o relato do autor dez anos mais tarde. Lívia vive em uma espécie de retiro espiritual, dedicando-se à educação de seu filho.

> [...] [Lívia] Não esqueceu até hoje o escolhido de seu coração, e à proporção que volvem os anos, espiritualiza e santifica a memória do passado. Os

8. *Idem*, cap. XXII.
9. *Idem*, cap. XXIII.

erros de Félix estão esquecidos; o traço luminoso, de que ela lhe falara na última entrevista, foi só o que lhe ficou.

[...] Félix é que não iria para o claustro. A dolorosa impressão dos acontecimentos a que o leitor assistiu, se profundamente o abateu, rapidamente se lhe apagou. O amor extinguiu-se como lâmpada a que faltou óleo. Era a convivência da moça que lhe nutria a chama. Quando ela desapareceu, a chama exausta expirou. [...] O amor do médico teve dúvidas póstumas. A veracidade da carta que impedira o casamento, com o andar dos anos, não só lhe pareceu possível, mas até provável. Meneses disse-lhe um dia ter a prova cabal de que Luís Batista fôra o autor da carta; Félix não recusou o testemunho nem lhe pediu a prova. O que ele interiormente pensava era que, suprimida a vilania de Luís Batista, não estava excluída a verossimilhança do fato, e bastava ela para ele lhe dar razão.

A vida solitária e austera da viúva não pôde evitar o espírito suspeitoso de Félix. Creu nela a princípio. Algum tempo depois duvidou de que fosse puramente um refúgio; acreditou que seria antes uma dissimulação.

Dispondo de todos os meios que o podiam fazer venturoso, segundo a sociedade, Félix é essencialmente infeliz. A natureza o pôs nessa classe de homens pusilânimes e visionários, a quem cabe a reflexão do poeta: "perdem o bem pelo receio de o buscar". Não se contentando com a felicidade exterior que o rodeia, quer haver essa outra das afeições íntimas, duráveis e consoladoras. Não a há de alcançar nunca, porque o seu coração, se ressurgiu por alguns dias, esqueceu na sepultura o sentimento da confiança e a memória das ilusões.

Semelhanças superficiais entre este romance e *Dom Casmurro* não deixam de espantar o leitor. Mas os personagens deste primeiro romance de Machado, apesar de um pouco rígidos – ou talvez exatamente por isso – são bem delineados. Não há dúvida da vileza de Iago, nem do fiel amor de Desdêmona, nem da falha de seu Otelo. Félix, abençoado com dinheiro, boa educação, gosto refinado e o amor leal de uma boa e bela mulher, é impedido de desfrutar esse amor por sua "desconfiança", que engendra as dúvidas do ciúme. Santiago remonta seu ciúme a uma causa fatal – a traição de Capitu, para ele definitivamente comprovada pela semelhança entre Ezequiel e Escobar. A "desconfiança" de Félix existe de modo independente e a despeito do que quer que Lívia faça. Como vimos, o autor fala francamente ao leitor e o adverte de que o raciocínio e os argumentos de Félix não merecem credibilidade. Mas tudo o que podemos fazer é imaginar como se daria a estória se Félix a narrasse, assim como Santiago faz com a sua.

Os contos "Miss Dollar" (no qual a heroína suspeita de que seus pretendentes estão atrás é de seu dinheiro) e "A Segunda Vida" (em que parte do delírio do herói deve-se ao medo de ter se casado por dinheiro) também demonstram que Machado de Assis via a "desconfiança" como uma aberração mental. Félix insinua que sua "desconfiança" é resultado de um caso de amor desastroso[10]: ele "abraçou uma serpente"; antes disso, teria tido "confiança"*. Como ele diz a Lívia,

> Ninguém esperdiçou mais generosamente os afetos do que eu, [...] ninguém mais do que eu soube ser amigo e amante. Era crédulo como tu; a hipocrisia, a perfídia, o egoísmo nunca me pareceram mais que lastimáveis aberrações[11].

Mas Machado nos adverte contra a explicação de Félix, e acrescenta:

> A desconfiança dos sentimentos e das pessoas não provinha só das decepções que encontrara; tinha também raízes na mobilidade do espírito e na debilidade do coração. A energia dele era ato de vontade, não qualidade nativa: ele era mais que tudo fraco e volúvel.

A "desconfiança" de Félix é inata. As explicações de Machado ao leitor não vão além disso; mas há indícios, nas descrições das emoções e ações de Félix, de uma outra causa. Um dos

---

10. *Idem*, caps. IV, IX e XI.
* Em português no original (N. do T.).
11. *Idem*, cap. XI.

personagens do livro diz que Félix é um dos poucos homens jovens que dirigiria a palavra a mulheres mais velhas mesmo tendo mulheres mais jovens presentes. O amor de Félix por Lívia acontece, genuinamente, à primeira vista, ao descobrir que ela possui um filho de seis anos, que corre para ela enquanto conversam.

Durante esta cena, Félix parecera completamente estranho a tudo que o rodeava. Não ouvia as represensões da moça, nem a tagarelice da criança; ouvia-se a si mesmo. Contemplava aquele quadro com deleitosa inveja, e sentia pungir-lhe um remorso.

"É mãe; repetia o moço consigo; é mãe."

[...] Félix contemplava-a com religioso respeito. [...] beijou-a ardentemente, mas não pôde dizer nada. A comoção embargou-lhe a voz; a reflexão impôs-lhe silêncio.

[...] parece que alguma ideia vaga e remota lhe surgiu no espírito e o levou a uma longa excursão no campo da memória[12].

Com o advento do menino Luís, Félix também se torna uma criança, "expansivo, loquaz, terno, quase infantil"[13].

São indícios vagos e sem prosseguimento – não há nenhuma menção à mãe de Félix no livro – mas *são* indícios.

O amor de Félix pela mãe não é um indício; é um fato estabelecido seguidamente. E o modelo de traição por uma mulher foi estabelecido por ela: ela o sacrificou a Deus. O próprio Santiago toma consciência dessa traição quando a compara com Abrão sacrificando Isaac[14]. Logo de início, Capitu reconhece a força desse amor pela mãe. Quando Bento conta-lhe que José Dias recordou a promessa a sua mãe e apressou-a a mandá-lo ao seminário de uma vez, a raiva de Capitu explode, não contra José Dias, mas contra Dona Glória. E observemos a reação de

12. *Idem*, caps. VI e VII.
13. *Idem*, caps. XV e XIX.
14. *Dom Casmurro*, cap. LXXX.

Santiago: ele fica magoado e confuso com o acesso de Capitu e só se acalma quando ela se desculpa. Nessa mesma cena, Capitu mostra sua falta de confiança nos votos de Santiago de resistir e não entrar para o seminário: "Você?", diz ela insolentemente, "você entra"; e prepara uma estratégia elaborada e detalhada ao máximo por saber a força que eles – ela e Bento – terão que enfrentar: a ligação deste com a mãe. Consideremos a primeira discussão, causada pela dúvida de Capitu acerca do amor de Bento para com ela: ela começa questionando sua coragem em encarar o perigo e as dificuldades em nome de seu amor. Essas questões certamente deixam Bento desorientado e, aparentemente, nem mesmo Capitu as compreende totalmente. Então, a verdadeira causa de sua dúvida vem à tona, com uma série de questões que começa por: "Se você tivesse de escolher entre mim e sua mãe, a quem é que escolhia?" Quando Bento finalmente responde que escolheria Capitu, ela o chama de mentiroso – com alguma justiça, como já pudemos observar. E notemos sua reação ao epíteto insultante de Capitu: tudo bem, ele vai voltar para sua mãe, tornar-se padre, abandoná-la e, como padre, casá-la com outro homem. Mas quando Capitu ameaça fazer o mesmo que sua mãe – isto é, ter um filho com esse outro homem – um sentimento de perda e caos total recai sobre ele.

Todavia, o problema de Santiago não se resume a uma forte ligação com a mãe. Poderíamos levar em conta a natureza de sua mãe – pelo menos aos olhos de Bentinho. Trata-se de uma "santa"[15], tão inocente quanto Eva antes da queda[16]. Deus enviou-lhe um filho, que ela devia devolver-lhe em cumprimento de um acordo primordial. Se alguém duvida de que Machado seja capaz de inserir no subconsciente deste garoto

---

15. *Idem*, cap. LXXIX e *passim*.
16. *Idem*, cap. XLI.

sensível a crença de que era o filho de Deus pela Virgem Maria, basta-nos recordar Santos, o banqueiro de sucesso, porém cabeça-dura, de *Esaú e Jacó*, que acredita *conscientemente* ser pai de dois apóstolos reencarnados[17]. O jovem Santiago tem todas as razões para acreditar haver algo de especial com ele e sua mãe. José Dias a compara com a Virgem em mais de uma ocasião[18]; Escobar a chama de "santa", "um anjo dobrado"[19]; Padre Cabral e o reitor do seminário consideram o nascimento de Santiago um "milagre"[20]. O próprio Santiago nos diz ser ele mesmo incapaz de mentir[21], ser puro[22] antes de amar Capitu com os "olhos que o diabo lhe deu"[23]. Para ele, Capitu representa o oposto de sua mãe: seus olhos são um mar traiçoeiro a arrastá-lo para as profundezas sem fim[24]. A Machado de Assis não era pouco familiar o mito grego de que Vênus nasceu do mar[25]. Para Santiago, a ressaca nos olhos de Capitu é a projeção de seu próprio desejo sexual adolescente, que o assusta. Ele está indeciso entre o amor de sua mãe – que, devido a suas conexões divinas, é santo, espiritual e como que cristão – e o amor profano e car-

---

17. *Esaú e Jacó*, cap. XV. Comparar com o comentário de Machado sobre Bento Hora, que se tinha como emissário de Jesus Cristo, como expresso na coluna "A Semana", *Gazeta de Notícias*, 13 de setembro de 1896 e 30 de dezembro de 1894, respectivamente (*A Semana*, III e II). Finalmente, devemos considerar o comentário de Santiago (*Dom Casmurro*, cap. LXXX): "[...] meu nome era entre ambas como a senha da vida futura".
18. Por exemplo, *Dom Casmurro*, caps. XXV e XCIX ("Mulher, eis aí teu filho").
19. *Idem*, caps. LXXVIII-LXXIX e XCIII.
20. *Idem*, cap. XXXIX.
21. *Idem*, caps. XV e XXXIV.
22. *Idem*, cap. LI.
23. *Idem*, cap. XXV.
24. *Idem*, caps. XXXII e XLIII; cf. cap. CXXIII. Comparar com Félix, de *Ressurreição*, que tem a sensação de cair no "abismo" do amor de Lívia (*Ressurreição*, cap. VIII).
25. Consultar, por exemplo, seus poemas "Uma Ode de Anacreonte" e "Versos a Corinna: As Águas" (*Poesias Completas*); a peça *Os Deuses de Casaca*, Cena III (*Theatro*); "Cartas Fluminenses: Carta a Hetaira", *Diário do Rio de Janeiro*, 12 de março de 1867 (*Chronicas*, II).

nal. Nascido e criado no seio de sua pequena e sagrada família, ele está sendo arrastado para o mundo da carne e do demônio.

Embora Santiago ame sua mãe, há momentos em que ele a odeia – por sua devoção a Deus-Pai, sua disposição de sacrificá--lo a Deus. Ele chega a desejar sua morte; planeja feri-la contando-lhe em detalhes todo o seu amor por Capitu, bem como seus namoricos; sente um prazer estranho em enganá-la com Capitu – ela e sua família de bajuladores santarrões. Da mesma forma, ele ama o Deus-Pai indulgente, de quem espera todas as dádivas como de direito a um filho, avidamente disposto a ser um Seu padre adorado; mas às vezes ele o odeia também, é irreverente e blasfemo, escarnece Seus servos, tenta enganá-lo ardilosamente. Ele inveja não só a devoção de sua mãe a Deus como também a de Capitu. Em relação a seu pai putativo, Pedro Santiago de Albuquerque, ele demonstra pouca emoção; *ele* é, na maior parte, apenas uma espécie de santo em um altar, um busto que dá lustro a sua divina família.

Como nos diz Santiago, há uma certa dose de conflito em Dona Glória entre o amor a seu filho e o amor a Deus; mas não é um conflito muito grande, visto que ela não tem muito o que perder – apenas a ausência do filho seminarista por alguns anos, depois do que ele voltará novamente a morar com ela. Durante essa ausência, contudo, e mesmo antes dela, um interessante fenômeno tem lugar: Dona Glória começa a se identificar com Capitu[26]. Capitu torna-se mais um membro da divina família. Dona Glória torna-se, então, disposta a reaver Bento, e, ávida por isso, burla Deus por meio de um estratagema casuístico, para entregá-lo a Capitu como quem oferece um pedaço de si mesma.

Essa mesma identificação de Capitu com a mãe dele e sua divina família evidentemente tem lugar também na mente de

---

26. Especialmente em *Dom Casmurro*, caps. LXXX e CVI.

Santiago. Capitu é comparada a um altar diante do qual ele, como padre, venera; a casa destinada a eles deve se localizar em uma rua tranquila como a da mãe e possuir um oratório a "Nossa Senhora da Imaculada Conceição (Concepção)"; casam-se no céu com todo tipo de cuidados e atenções especiais de São Pedro e do coral celeste; vão morar na Rua da Glória.

Por um momento, ocorre uma certa anistia do Paraíso. Então, o diabo, ou o destino, começa a se mostrar. Pois Santiago ainda é Santiago e, sob as pressões cotidianas, sua "desconfiança" – criada por seu amor e nutrida por sua mãe – começa a engendrar dúvidas, suspeição e ciúme, que finalmente o tornam incapaz de amar qualquer pessoa. Ele tenta voltar para sua mãe, como uma criança, e, para tê-la totalmente para si, procura eliminar da memória dos outros a lembrança dela, por meio de um epitáfio anônimo: "Quem lhe importará com datas, filiação, nem nomes, depois que eu acabar?" Manda ao inferno Capitu e o resto do mundo. Porém, para satisfazer sua ambivalência, coloca ante si os retratos de seu pai e sua mãe, chamando-os um casal dedicado, e engana sua mãe (e Capitu) com mulheres da vida.

Santiago está correto em acreditar ter nascido entre as forças do bem e do mal, mas não está tão certo em acreditar que essas forças se encontravam incorporadas, respectivamente, em sua mãe e Capitu. A ironia não está nele ter sido enganado por Capitu, mas por ter sido enganado por si mesmo.

4
O QUE HÁ NUM NOME

É Santiago quem escreve sua estória, mas os nomes dos personagens – com exceção de Ezequiel – foram conferidos pelo autor real. Eles representam o elemento do romance que pode, com absoluta certeza, ser posto na conta de Machado, e Machado de Assis não nomeia seus personagens ao acaso. Um estudo de seus outros romances e contos (bem como de *Dom Casmurro*) revela sua destreza nessa matéria. Via de regra, ele emprega sobrenomes portugueses que remetem aos navegadores ou às figuras proeminentes dos primórdios do Brasil colonial. Os prenomes, como é de se esperar em um país católico, remontam ao calendário dos santos – e em algumas poucas instâncias, à Bíblia, exclusivamente. Os nomes de estrangeiros, obviamente, são uma exceção à regra. Mas para além de quais sejam as conotações luso-brasileira e católico-cristã (ou estrangeira) que esses nomes possam ter, ou sugestão que o som possa suscitar, no mínimo um outro significado é sugerido, de uma ou de outra forma.

Muitas vezes um nome é idêntico, ou relacionado, ou parecido, a um substantivo, adjetivo ou verbo, cujo significado indica um traço dominante do personagem fictício que o detém. Quanto menos sério o personagem ou a função, mais óbvio o significado do nome. Os exemplos a seguir, por meio dos quais Machado de Assis fornece diferentes pistas sobre o sentido do nome, servirão para ilustrar este mecanismo. (Todos estes exemplos seguem a regra geral dos nomes e sobrenomes cristãos.)

O funcionário do governo de "Quem Conta um Conto...", o bacharel Plácido, nas palavras do próprio Machado,

[...] era o seu próprio nome feito homem. Nunca a pachorra tivera mais fervoroso culto. Era gordo, corado, lento e frio. Recebeu os dois visitantes com a benevolência de um Plácido verdadeiramente plácido.

Há também um jogo com o título de "bacharel": o substantivo comum é usado em um sentido figurado como "falastrão". Plácido é um dos futriqueiros do conto que espalha, e aumenta, um boato. Outro deles é chamado Pires. Existem muitos Pires na história portuguesa. Dois homens do mesmo nome são mencionados por Fernão Mendes Pinto como participantes de sua aventura no Extremo Oriente (1537-1558). Uma vez que a narrativa de Fernão Mendes Pinto é geralmente vista como exagerada, talvez haja uma conotação entre falsos relatos e o nome[1]. Mas o substantivo comum "pires" significa o acessório de suporte à xícara e, de modo figurado, "uma pessoa ordinária, inconsequente e pretensiosa", o que também se adequa à criatura de Machado. (Outros Pires de sua obra são da mesma espécie.)

---

1. Que Fernão Mendes Pinto simboliza esse tipo de coisa fica claro no título de um conto que satiriza o desejo de acreditar, "O Segredo do Bonzo: Capítulo Inédito de Fernão Mendes Pinto": o narrador dessa estória é Fernão Mendes Pinto e o estilo, uma paródia daquele de Fernão Mendes Pinto.

O prenome de Custódio Marques ("O Astrólogo") é uma forma abreviada de "Anjo Custódio" ("anjo guardião"). "Marques" é reminescente do verbo "marcar". Apropriadamente, Custódio Marques tem como cargo o de almotacé*. Ele também, oficiosamente, prega um olho nos assuntos alheios – é uma espécie de guardião, ou anjo da guarda, da moral pública autodesignado. Como comenta Machado de Assis, "[ele] transpôs as fronteiras de suas atribuições, e passou do exame das medidas aos das vidas alheias".

"Bacamarte", como substantivo comum, significa, tanto no sentido literal quanto no figurado, uma arma de fogo. É o nome do alienista ("O Alienista") cujo estrito apego ao princípio científico não só causou uma revolução como o tiro saiu pela culatra.

Machado de Assis confere provavelmente o nome "Palha" a um dos protagonistas de *Quincas Borba* provavelmente porque o personagem é como um homem sem entidade, sem nenhum dos sentimentos mais sutis. Mas, além disso, parece haver uma conotação da expressão "dar palha" ("enganar e explorar").

O próprio Brás Cubas (*Memórias Póstumas de Brás Cubas*) discute a baixa origem de seu sobrenome, sinônimo de "tina". A medida da consideração dada à profissão do magistério é indicada pelo nome de seu professor, Barata, cuja escola fica na Rua do Piolho.

Os contos satíricos e fantásticos possuem com frequência personagens que não são de sangue português: o sentido de seus nomes é ainda mais óbvio. Alfa e Ômega ("O Dicionário"), os eminentes filólogos que resolvem reformar o dicionário, dizem de si mesmos: "– Nós, Alfa e Ômega, estamos designados pelos nossos nomes para as cousas que respeitam à linguagem". O eminente psiquiatra holandês de

---

* "Almotacé" (do árabe *al-mutahsib*) : antigo inspetor camarário de pesos e medidas que fixava o preço dos gêneros (N. do T.).

"O Lapso" é chamado Jeremiah Halma. O elemento Jeremiah é explicado pelo próprio Machado como uma referência à Bíblia. "Halma" é meramente a palavra da língua portuguesa para "espírito" ou "psique", *alma*, grafada com um *h* (não pronunciado, é claro) para dar um toque holandês. A consideração geral pelo conhecimento é novamente indicada pelo local de residência de Halma que, como a escola de Barata, fica na Rua do Piolho. Lady Emma Sterling é a autêntica mulher inglesa de "O Imortal", que vai até o inferno e arrasta um trem pelo amante picaresco português. No mesmo conto, o nome da esposa do índio, Maracujá, é a designação tupi para o fruto "flor da paixão"; e o nome de seu pai, Pirajuá, é aparentemente um falso nome tupi de um peixe. Consideremos ainda Sarah Hope ("Uma Águia sem Asas"), a menina inglesa de ambições políticas – mesmo "Sarah" tem um tom protestante-puritano estrangeiro.

Ocasionalmente, Machado de Assis usa os nomes de modo inverso, com intenção irônica. A Eugênia (termo grego para "bem-nascido"), a quem Brás Cubas, tentando seduzi-la, dirige o pensamento: "Se tu soubesses que ideias me vagavam pela mente [...] que não podias mentir ao teu sangue, à tua origem"[2], não é apenas uma bastarda, além de coxa de nascença; é também pobre, devido às circunstâncias de seu nascimento. Outra moça de mesmo nome, no romance *Helena*, é objeto do assédio incestuoso de seu pai, desde a tenra infância.

Em alguns poucos nomes, Machado transpôs as letras da palavra que o nome deveria sugerir. "Pha-nohr" do faraó de "Identidade" é um exemplo; outro é "Carmo", o prenome da personagem de *Memorial de Aires*, que é, assumidamente, um retrato de sua própria esposa, Carolina[3].

2. *Memórias Póstumas de Brás Cubas*, cap. XXXIII.
3. Cartas de Mário de Alencar a Machado de Assis, datada de 16 de dezembro de 1907 e 20 de fevereiro de 1908; e de Assis a Alencar, de 22 de dezembro de 1907

Um quinto mecanismo empregado por Machado de Assis para dotar um nome de cores e significados é a alusão literária. O nome da segunda Eugênia mencionada acima – Eugênia Camargo, de *Helena* – alude, provavelmente, não somente ao original grego, como também a Eugénie Grandet, cuja vida foi arruinada pela avareza fria de seu pai, da mesma forma como as perspectivas de Eugênia Camargo são arruinadas pela ambição de *seu* pai. Talvez o melhor exemplo do uso da alusão literária por Machado seja a cortesã Marcela, de *Memórias Póstumas de Brás Cubas* – que parece ser uma versão machadiana da pastora de mesmo nome que causou igual estrago entre os pastores espanhóis, próximo a Porto Lápice.

Machado parece utilizar alguns nomes somente uma vez ("Capitolina" é um deles); outros, ele utiliza várias vezes, para diferentes personagens em diferentes estórias, ou até mesmo na mesma. Quando um nome é utilizado repetidas vezes, temos melhores oportunidades de formar uma ideia a respeito de suas implicações, por comparação das naturezas de seus detentores. Tomemos, como exemplo, o tradicional sobrenome português "Oliveira", que Machado de Assis utiliza para sete personagens diferentes em seus contos.

O primeiro deles, um personagem menor de um de seus primeiros contos[4], não mantém nenhuma relação apreciável com os outros Oliveiras de Machado; os seis restantes são irmãos de sangue, amigos velhos de guerra – amigos ou amantes, ou ambos. O grande exemplo é o Oliveira de "Almas Agradecidas", que ajuda um antigo colega de escola, mas este se aproveita de

---

e 8 de fevereiro de 1908; e também em carta de José Veríssimo, datada de 18 de julho de 1908, e na resposta de Machado, de 19 de julho de 1908 (*Correspondência*).

4. "A Mulher de Preto".

sua amizade para subir econômica e socialmente, além de roubar sua namorada. Apesar de tudo, Oliveira continua sendo um grande amigo tanto do velho colega de escola quanto da antiga namorada. Em "A Mágoa do Infeliz Cosme", Cosme tira proveito da devoção tácita, distante e respeitosa de seu amigo Oliveira a sua esposa (de Cosme), vendendo a Oliveira uma das joias da falecida – a preço de custo, diz ele. O Oliveira de "Um Quarto de Século", depois de vinte e cinco anos de espera, casa-se com o amor de sua juventude – mas ela não o faz feliz. O quarto deles, ("Primas de Sapucaia!"), amarra-se a uma "basilisca", permanecendo contudo fiel até a morte, aparentemente. O quinto ("Cinco Mulheres") é um marido modelo de uma mulher infiel. Apenas em "Um Sonho e Outro Sonho" a tradição dos Oliveiras é rompida: nessa estória, um amante fiel e apaixonado de nome Oliveira consegue casar-se com a moça sem sofrer efeitos nocivos.

A fonte de onde Machado teria derivado esse sentimento que permeia estes seis Oliveiras é matéria de especulação. (O substantivo comum "oliveira" é a "árvore que dá olivas", ou azeitonas.) Pode ser a Bíblia – "Mas eu sou como a oliveira verde na casa de Deus; confio na misericórdia de Deus, eternamente"[5]. Pode ser Bartholomeu dos Martyres:

– Huns sam comparados a oliueiras carregadas de azeytona, s. aquelles em que resplandece charidade, e misericordia: dos quaes diz a diuina escriptura, Estes sam os varões da misericordia, cujas virtudes ficam em perpetua memoria. Nòsoutros peccadores entam colhemos os ramos destes, quando nos occupamos em cumprir as obras de misericordia, segundo nossa possibilidade[6].

5. Salmos, 52:8.
6. *Compendio da Doutrina Christã*, livro 2, como citado por Domingos Vieira, *Grande Dicionário Português ou Tesouro da Língua Portuguesa* (Porto, Chardron e Moraes, 1878), sob "oliveira".

Pode ser que a alusão seja a Gil Vicente[7] e, neste caso, "oliveira" significaria "bode expiatório". Ou talvez haja alusão às três fontes ou a seu conceito básico de que a oliveira, sendo verdejante todo seu tempo de vida, é um símbolo perfeito de fidelidade. De uma coisa podemos estar absolutamente certos: estes seis Oliveiras possuem os traços de uma dedicação e capacidade de perdoar a toda prova, e em grau superlativo.

E caso fiquemos propensos a considerar que Machado de Assis utiliza estes e outros nomes sem premeditação ou propósito, suas próprias palavras estão aí para nos refutar. "Ora, [escreve ele, em uma de suas colunas] é sabido que os nomes valem muito. Casos há em que valem tudo"[8]. E ainda: "De um ou de outro modo, a influência dos nomes é certa". E ele acrescenta que, se o leitor duvida disso, basta retomar Suetonius e, no lugar onde se lê "Messalina" ler-se "Anastácia", e observar como o conto de horror, escândalo e nauseante obscenidade de Suetonius se torna pálido[9]. Em uma terceira coluna, ele declara que os nomes possuem fortunas, histórias e conotações inescapáveis[10].

As alusões aferradas aos nomes em *Dom Casmurro* são sutis, complexas e diversas, como a natureza daqueles que os detêm. A prática geral explicada acima cabe-lhes bem. Os sobrenomes, com exceção de Pádua e do estrangeiro Marcolini, remontam aos navegadores portugueses e aos primórdios do Brasil; todos os prenomes podem ser localizados no calendário de santos católicos. A presença destes dois elementos, embora natural, é importante para a trama, pois resumem a herança dos personagens. Nas palavras de Edgard Prestage, "Portugal

---

7. Consultar a farsa *Clerigo da Beyra*, linhas 16-19.
8. "A Semana", *Gazeta de Notícias*, Rio de Janeiro, 10 de janeiro de 1897 (*A Semana*, III).
9. "A Semana", 1 de abril de 1894 (*A Semana*, II).
10. *Idem*, 27 de maio de 1894.

deve seu lugar na história a três acontecimentos: à abertura das rotas de navegação, à colonização do Brasil (uma terra maior que os Estados Unidos) e à propagação do cristianismo em todo o estrangeiro"[11]. Assim, os sobrenomes em *Dom Casmurro* indicam o sangue altivo – vermelho e viril – que corre nas veias dos personagens; os nomes de santos, a influência de uma longa tradição católico-cristã. Uma vez que os navegadores levaram a fé consigo, os dois elementos se encontram unidos no mesmo personagem, mas – como o corpo e a alma – eles são incompatíveis por essência, gerando conflito. Em alguns casos, o sangue esmoreceu, ou se alterou pela mistura com o elemento africano. Com frequência, a fé cristã se torna um hábito sem sentido, mera aparência, moda passageira ou proposital hipocrisia.

Em tio Cosme, por exemplo, há um esmorecimento considerável do glorioso sangue português: temos conhecimento de seu ânimo ardente na juventude, quando "foi aceito de muitas damas, além de partidário exaltado", e depois, como nos conta Santiago, "os anos levaram-lhe o mais do ardor" e ele assumiu o papel de um colono preguiçoso e indistinto. O santo a que se refere seu nome foi um mártir cristão, mas a fé de tio Cosme é tão pálida quanto seu sangue. Ele não compartilha a extrema devoção da irmã, e insinua calmamente que sua promessa a Deus foi feita há tanto tempo que não fazia mais muito sentido mantê-la, especialmente se isso lhe causasse infelicidade; porém, caso quisesse mantê-la e ser infeliz, também tanto fazia: "Deus é que sabe de todos". Em outras palavras, "não me perturbe". Deus, para ele, é um hábito conveniente que protege seu conforto (assim como seu hábito de ir ao foro em uma besta mansa) e elimina a necessidade de ponderar o certo e o errado. Pois o

---

11. Edgard Prestage, "Foreword", *Portuguese Voyages 1498-1663*, ed. Charles David Ley, Everyman ed., Londres e New York, 1947, p. v.

nome "Cosme" está relacionado ao grego "cosmos" ("mundo"). Tio Cosme sucumbiu às regalias deste mundo: comer, beber, jogar gamão, frequentar o clero, sua poltrona e alguns chistes inocentes. Capitu o chama de *boa vida* – isto é, uma pessoa que habitualmente segue o curso que menos interfira em seu conforto pessoal. Talvez uma interpretação definitiva para o sentido do nome Cosme possa ser encontrada em sua dificuldade de montar no cavalo toda manhã. Quando seu tio finalmente consegue dispor seu corpanzil na sela (Santiago nos diz), "Raramente a besta deixava de mostrar por um gesto que acabava de receber o *mundo*".

Há um outro Cosme ("A Mágoa do Infeliz Cosme") também apreciador da boa vida. Embora seja indulgente, exibindo publicamente a dor pela morte de sua mulher, nada interfere em seu apetite ou o impede, como vimos, de vender as joias da mulher a um bom preço.

Devemos notar ainda que Santiago é, em alguns pontos, o legítimo sobrinho de tio Cosme. Quando Capitu recusa a cocada, preocupada com o futuro do casal, Santiago come duas – a sua e a dela. Após receber a notícia da morte de Ezequiel, Santiago "jantou bem". Quando toda a sua família e a maioria de seus amigos já se foram e ele se encontra sozinho com seu remorso por sua vida falha, ele continua "comendo bem e não dormindo mal".

Se o sangue de tio Cosme esmoreceu e sua fé tornou-se pálida, não podemos dizer o mesmo de sua irmã. O sangue dos conquistadores é ainda forte em Dona Glória – uma senhora de escravos. Ela passa o dia inteiro percorrendo a casa para supervisionar o trabalho de seus escravos; manda alguns deles para a rua ganhar dinheiro; compra-os e os vende. Sua mãe (e não seu pai, devemos sublinhar) e sua avó, antes dela, foram donas de *plantations*. Fizeram parte da intrépida estirpe pioneira de São

Paulo. Pode ser que haja uma alusão, no sobrenome, a Bárbara Fernandes, a heroína de Dio, pois Dona Glória é uma mulher dinâmica. Ela não somente dirige seu corpo de escravos, como também dirige sua família e outros dependentes, com a mesma sutileza. Mas sua capacidade nos negócios não se resume aos escravos: ela investe ainda em papéis e bens imobiliários; empresta dinheiro a Escobar, mas com um pé atrás; mantém José Dias satisfeito com alguns tostões; tem uma parenta como companhia – não é preciso pagá-la, pressupõe-se.

Mas todas essas qualidades são mostradas, por assim dizer, à luz de velas da Igreja. Para sua família e dependentes, ela é uma "santa". Para José Dias, ela é "Santíssima", o epíteto da Virgem Maria. Seu nome, "Maria da Glória", é o nome da Virgem, alusivo a suas graças e títulos. O substantivo comum "glória" é o termo utilizado para designar a efulgência depreendida das figuras de Deus, do Espírito Santo, de Cristo e de Maria nas pinturas. Não obstante, o nome de Deus é constante nos lábios de Dona Glória; mas... e quanto aos atos pios? Vimos que sua fé religiosa não interfere em sua usura. Nem o amor ao filho a impede de obrigá-lo à vida de seminarista contra a vontade, por temer, como ela própria diz, que Deus a castigue se quebrar o juramento. Mais tarde, quando passa a se identificar com Capitu e a desejar entregá-la a Bento, como se fosse um pedaço de si mesma, ela, por meio de um estratagema casuístico, não dá a Deus a prometida recompensa. Maria da Glória Fernandes, como a imagem de madeira e vestes de seda de Nossa Senhora da Glória da igreja vizinha, é, por fora, uma dama cristã brasileira boa e rica, mas, por dentro, dura feito um pau, um osso duro de roer.

Como seria de se esperar, os nomes de Santiago são repletos de significados: "Bento", os sobrenomes "Fernandes", "Santiago" e "Albuquerque", e até mesmo o epíteto "Casmurro", têm tripla implicação.

"Bento" é a forma portuguesa usual de "Benedito". São Benedito e Santo Antônio são padroeiros do povo português – modelos de simplicidade fora de moda. Ao criticar o clero da época, Machado de Assis escreveu: "São Bento e Santo Antônio nunca sonharam com fazendas e escravos"[12]. (Deve-se notar que, na pequena joia machadiana que é "Entre Santos", São Bento e Santo Antônio estão ausentes da companhia de santos sofisticados que descem do altar para discutir com os paroquianos.) Da mesma forma, o nome "Bento" é aplicado por Machado de Assis a almas prosaicas e simples: por exemplo, há o Bento Facundes da Purificação, o boticário simples, trabalhador e parcimonioso de "Dívida Extinta"; há o crédulo Bento Soares, de "Sem Olhos", que "estava profundamente convencido que o mundo todo tinha por limites os do distrito em que ele morava, e que a espécie humana aparecera na terra no primeiro dia de abril de 1832, data de seu nascimento". E há Bento, o pai de Brás Cubas, que certamente é uma alma simples e gentil e, embora rico, sua origem humilde está mais do que clara[13]. Poderíamos incluir o Benedito (a forma extensa de "Bento") de "Evolução", no qual Machado reforçou o elemento prosaico: " 'Que valem nomes? [...] A rosa, como quer que se lhe chame, terá sempre o mesmo cheiro'. Vamos ao cheiro de Benedito. // E desde logo assentemos que ele era o menos Romeu deste mundo".O mesmo vale para Bento Santiago: ele é o menos Romeu deste mundo. Ele mal sabe a diferença entre os sexos; é alguns poucos centímetros mais baixo que sua Julieta; come guloseimas enquanto ela se preocupa com o futuro do amor de ambos.

---

12. "Ao Acaso", *Diário do Rio de Janeiro*, 4 de abril de 1865 (*Chronicas*, II).
13. *Memória Póstumas de Brás Cubas*, cap. III. Cf. os Bentos imaginários do jornalismo de Machado de Assis em "Badaladas", *Semana Ilustrada*, 29 de dezembro de 1872 e "História dos Quinze Dias", *Ilustração Brasileira*, 15 de outubro de 1876 (ambos em *Chronicas*, III) e o Frei Bento do apólogo "Adão e Eva".

É o que basta para o nome próprio. E o adjetivo comum "bento"? Significa "abençoado, consagrado ao culto por meio de uma cerimônia religiosa, favorecido pela Fortuna, próspero, abastado". Todos esses sentidos se aplicam a Bento Santiago. Ele foi abençoado por Deus – de fato, seu nascimento foi um "milagre". Sua mãe o consagrou à Igreja antes mesmo de seu nascimento. Ele é rico por herança e ganha dinheiro com sua profissão. A Fortuna favorece-o nas circunstâncias materiais, no amor e no casamento.

Talvez haja ainda outra conotação. Uma variedade de santos levam o nome "Bento": um deles, é um negro conhecido como São Benedito, o Mouro.

É possível que o diminutivo Bentinho, pelo qual é designado em casa, tenha um sabor especial, irônico. O substantivo comum "bentinho" denota um escapulário constituído de dois pequenos pedaços de pano bento ao qual os devotos se apegam para orar. Nós sabemos a conta em que Bentinho tem as orações, e como ele as promete às centenas e milhares. Sabemos como ele deixa a solução de seus problemas a cargo de Deus ou de seu representante terreno, o imperador Dom Pedro II.

Seus sobrenomes indicam a existência de um outro lado em Bento. Quem foi esse Albuquerque cujo sangue circula nas veias de nosso herói? Trata-se, sem dúvida, do grande e famoso Dom Afonso de Albuquerque, que fundou o império português na Índia e serviu na África e na Itália contra os turcos. (Em 1480 particularmente, quando lutou ao lado do rei de Nápoles contra os turcos.) Camões o chama "Albuquerque, o Terrível"[14] e este se tornou seu epíteto desde então. Aparentemente, ele exercia uma fascinação sobre Machado de Assis. Em algumas notas de leitura a João de Barros, Machado faz um retrato dele, con-

---

14. *Os Lusíadas*, I.14.

O OTELO BRASILEIRO DE MACHADO DE ASSIS

cluindo da seguinte maneira: "Nas execuções foi um pouco apressado, e não mui piedoso, fazia-se temer aos mouros, e tinha grandes cautelas para deles levar o melhor"[15].

Quando Afonso de Albuquerque morreu, seu corpo foi envolto no manto da Ordem Militar de Santiago, ou, como era formalmente escrito, Sant-Iago – isto é, São Tiago. "Santiago" era o grito de guerra dos primeiros espanhóis e portugueses porque, como relata Camões, este santo foi um dos que ajudou em particular no extermínio dos mouros[16]. E João de Barros escreve que Afonso de Albuquerque tinha uma "singular devoção" pelo "Apóstolo Sant-Iago"[17].

Apesar de haver diversos Fernandes relacionados com a época do descobrimento, é tentador acreditar, no que respeita ao terceiro sobrenome de Santiago – levando-se em conta sua forte conjunção com o nome Albuquerque –, que Machado tivesse em mente Antônio Fernandes, o escanção e mordomo negro de Afonso de Albuquerque, um grande guerreiro pelo qual Albuquerque tinha profunda confiança, mas que foi nada menos que queimado na fogueira por ordem de seu senhor. (Qual era mesmo a impressão de Machado a respeito de Albuquerque? – "nas execuções foi um pouco apressado".) Isto pode significar que a mãe e a avó de Bento tinham sangue negro – talvez uma ponta de ironia machadiana, coerente com sua crença de que escravidão não era uma questão de raça[18]. Pode representar ainda um toque de realismo, pois os primeiros colonizadores brasileiros

15. "Notas de Leitura de Machado de Assis", *Revista da Academia Brasileira de Letras*, I (1910), 144.
16. *Os Lusíadas*, V.9.
17. *Da Asia* de João de Barros e de Diogo de Couto (Nova ed.; Lisboa, Na Régia Oficina Tipográfica, 1778), vol. II, Década I.vii.2, p. 93.
18. Como visto, por exemplo, na explicação do tratamento dado por Negro Prudêncio a seu escravo (*Memórias Póstumas de Brás Cubas*, cap. LXVIII) ou na discussão de Helena e Estácio sobre a escravidão (*Helena*, cap. VI).

não trouxeram mulheres consigo e tiveram filhos com suas escravas negras[19].

Observemos novamente estes três sobrenomes. Não me recordo de Machado de Assis se referir a Albuquerque por seu epíteto comum de "Terrível", embora esse lhe fosse claramente familiar. Mas ele utiliza o epíteto em duas narrativas diferentes, ambas as vezes para o mesmo personagem – o Otelo de Shakespeare[20]. O termo é ainda aplicado – duas vezes em três sentenças – ao marido ciumento de "Sem Olhos", de quem diz o narrador: "Que outro rival de Otelo há aí como esse marido que queimou com um ferro em brasa os mais belos olhos do mundo, em castigo de haverem fitado outros olhos estranhos?"

Notemos as outras similaridades entre Otelo e Albuquerque. Otelo ajudou Veneza na luta contra os turcos; Albuquerque era precipitado em suas execuções, assim como Otelo. Para dirimir todas as dúvidas a respeito do sangue negro de *nosso* Albuquerque, há também o Fernandes "moreno", de "lábios grossos" e, talvez, São Benedito, o Mouro. E, como Otelo, ele também descendia "de homens da realeza".

Retornando ao nome Santiago: este, como os outros dois sobrenomes, é um alto e tradicional nome português da época do descobrimento. Mas permitam-nos examiná-lo de um ponto de vista linguístico. Santiago nos diz haver um "par casado" dentro de si, em que cada corcel luta pelo controle do carro – um anjo bom e outro mal. (Apesar de identificar o elemento bom com sua mãe e o mal com Capitu, há razões para crermos, como veremos, que ele se acha confuso.) Alguns críticos de Shakespeare reuniram evidências para demonstrar que *Otelo* é uma peça sobre o milagre, em que Desdêmona representa Cristo e

19. Gilberto Freyre, *Casa-Grande e Senzala*, 4. ed., Rio de Janeiro, José Olympio, 1943, vol. I, p. 19.
20. O conto "Curta História" e o romance *Quincas Borba*, cap. XL.

Iago o diabo, em luta pela alma de Otelo[21]. Outros críticos, como já fizemos observar, embora não partilhem dessa ideia, acreditam mesmo assim que Desdêmona simboliza o bem em Otelo e Iago, o mal. O nome "Santiago" cabe bem em uma construção similar de nosso herói: ele é parte santo (Sant'), parte Iago – o bem, ou o santo, e as qualidades de Iago em guerra recíproca por sua alma. Uma dualidade comparável é representada pelas conotações contrárias encontradas nos nomes "Bento" e "Albuquerque". Como um complemento para apontar essa luta entre céu e terra, Machado de Assis deu um dos nomes do herói a dois colegas de seminário que tipificam suas duas esperanças conflitantes e não realizadas – a de fazer sucesso no mundo e obter as graças celestiais no paraíso. Tratam-se dos irmãos Albuquerque, "um dos quais é cônego na Bahia, enquanto o outro seguiu medicina e dizem haver descoberto um específico contra a febre amarela"[22].

Há um trocadilho no apelido "Casmurro", creio eu, determinante para os usos dessa palavra, que discutiremos em momento mais apropriado.

Olhando para os outros membros da família de Dona Glória, temos a sorte de encontrar entre eles um membro com um nome do tipo Oliveira – ou seja, um nome usado repetidamente por Machado para significar um certo traço de caráter, ou, antes, um composto de traços. É o caso do nome "José", conferido por Machado a nada menos que vinte e três personagens de realce que aparecem em diversos romances e contos[23], além

21. Consultar, por exemplo: G. Wilson Knight, *Principles of Shakespearean Production*, Hamsworth, Middlesex, Penguin Books, 1949, p. 108; Paul N. Siegel, "The Damnation of Othello", *Publications of the Modern Language Association of America*, LXVIII, 1953, 1068-1078.
22. *Dom Casmurro*, cap. LVI.
23. Nos romances, há, além de José Dias, de *Dom Casmurro*, Agostinho José dos Santos, de *Esaú e Jacó*, e José da Costa Marcondes Aires e seu criado José,

de um personagem fictício que aparece periodicamente em suas colunas jornalísticas[24].

Uma comparação entre esses Josés fictícios torna claro que os traços tipificados pelo nome são os de um homem convencional, ordinário, com os pés no chão, um homem de inteligência e imaginação limitadas, intrometido e prolixo, dado a repetir o óbvio ou o que passa geralmente por verdade. É com frequência um criado, ou alguém de modos servis, como também um hipócrita. Alguns Josés não passam disso: ser José; em outras instâncias, José é apenas uma fase da pessoa, que possui outros traços – talvez mais importantes – sugeridos pelos sobrenomes. Machado de Assis assim descreve um de seus primeiros Josés: "mediano em tudo, exceto na inteligência, que era ínfima"[25]. Ou seja, ele é, basicamente, *José*. Por outro lado, Agostinho José dos Santos, de *Esaú e Jacó* (observe-se os outros nomes), apesar de vulgar, prático (é um banqueiro de sucesso) e convencional, não é tolo, na maior parte do tempo, e tem, sobretudo, uma imaginação fértil: acredita, conquanto Espírita, ser pai de dois apóstolos reencarnados. Mesmo assim, o prático e o mundano predominam, pois ele não tem cinco minutos para evocar seu antigo professor de Espiritismo,

que aparecem tanto em *Esaú e Jacó* quanto em *Memorial de Aires*; nos contos, José de Menezes ("Casada e Viúva"), José Durval ("Cinco Mulheres"), José Brito ("O Segredo de Augusta"), José Pires ("Luiz Soares"), José Lemos e josé Porfírio ("As Bodas de Luiz Duarte"), o criado do Capitão Ferreira ("Nem Uma Nem Outra"), José Mendonça ("Os Óculos de Pedro Antão"), José Marques ("Um Almoço"), José S. P. Vargas ("Silvestre"), o sobrinho de Barbosa ("A Melhor das Noivas"), José Cândido ("Um Ambicioso"), José Borges ("Conversão de um Avaro"), José Ribeiro ("Primas de Sapucaia!"), José Maria ("A Segunda Vida"), Procópio José Gomes Vallongo ("O Enfermeiro"), José Martins de Brito ("Anedota do Cabriolet"), José Martins ("Umas Férias").

24. José Rodrigues, *passim Gazeta de Notícias*, 1892-1896 (*A Semana*, I, II, III). Esse personagem substitui o "meu moleque" das primeiras colunas (*Chronicas*, I, II, III, IV).

25. José Cândido, do conto "Um Ambicioso".

porque "o discípulo Santos cuidava agora de umas liquidações últimas e lucrativas"[26].

O Sr. José Brito é a nêmese do estroina Vasconcelos ("O Segredo de Augusta") – a nêmese da "realidade" na forma de contabilidade, juros, notas, hipotecas e a expressão rude e grosseira de verdades duras e cruas. É um credor, em suma.

Um dos Josés mais bem-acabados, e que revela sua natureza em toda sua imaculada simplicidade, é José Rodrigues, o criado imaginário do Machado de Assis colunista. Ele parece representar um veio singelo do colunista sofisticado – seu lado tolo e prosaico, o homem das ruas por oposição ao poeta-filósofo na torre de marfim, o corpo por oposição à alma, Sancho Pança por oposição a Dom Quixote – e, com frequência, existe um veio de sabedoria prática em suas conversações desconexas.

Sete outros Josés de Machado são criados ou funcionários servis de famílias ricas. Um deles, o criado de Aires, que, junto com seu senhor, aparece tanto em *Esaú e Jacó* quanto em *Memorial de Aires*[27], coloca uma questão interessante: por que, nestes dois romances finais, Machado de Assis dá o nome "José" ao criado e ao patrão? Pois Aires é servo de seu país, sem boa alma à qual recorrer, movendo-se como um títere pelo mundo, com todos os atos subordinados a sua carreira de livre e espontânea vontade. Como ele diz de si mesmo: "eu nasci para servir"[28]. A diplomacia do patrão – "sempre com o comentário certo para a ocasião certa" – reflete-se nas bajulações, mentiras e pequenos furtos do criado. A propensão do patrão de meter-se na vida alheia, uma vez que não tem vida própria, é correspondida pelo criado, que mete o nariz nos negócios do patrão.

---

26. *Esaú e Jacó*, cap. LXXXI.
27. Os outros seis se encontram em *Dom Casmurro* e nos contos "O Anjo Rafael", "Nem Uma Nem Outra", "O Bote de Rapé", "A Chave" e "O Enfermeiro".
28. *Esaú e Jacó*, cap. XXXVIII.

A religião hipócrita e perfunctória do criado encontra sua contraparte em Aires, que "diz uma ode de Horácio", em vez de uma oração, antes de cair em sono profundo. A oficiosidade e a ignorância do criado faltam em Aires – e, por isso, ele possui outros nomes: "Costa", "Marcondes" e "Aires". Em *Esaú e Jacó*, claro, há um terceiro José – Agostinho José dos Santos. Por que essa pletora de Josés? Porque, creio eu, trata-se de uma observação sobre a sociedade satirizada por Machado de Assis nesse romance.

Pode ser que os Josés de Machado contenham uma alusão ao José do Velho Testamento, que foi vendido como escravo por seus irmãos e acabou conquistando as graças do faraó por dar conselhos muito úteis, senão milagrosos – um pouco como José Dias conquistou as graças dos pais de Santiago com *seus* conselhos e por curar os escravos. Aparentemente, "José" também era um nome comum para escravos no Brasil na época em que as primeiras cenas de *Dom Casmurro* têm lugar[29]. Qualquer que seja a razão por trás do nome, a classe de personagens por ele designado nos parece muito bem definida. Não é menos claro que José Dias não somente se encaixa nessa classe, como representa a coroação de sua glória – a incorporação de tudo o que é *joséesco* em grau superlativo, visto que superlatividade é a grande reivindicação de sua individualidade.

O sobrenome "Dias" é um alto e tradicional nome português, originário, notadamente, de Bartolomeu Dias, o primeiro homem a contornar o Cabo da Boa Esperança, em 1488 – e José Dias, recordemos, aprecia viajar. O substantivo comum significa "dia(s)" e o brasão do sobrenome Dias exibe um sol dourado em um campo azul. Mas o nome "Dias" é muito comum em

---

29. D. P. Kidder e J. C. Fletcher, *Brazil and Brazilians*, Philadelphia, Childs & Peterson, 1857, pp. 124, 172, 326 e 332.

português: Machado de Assis possivelmente quis acentuar a vulgaridade de José Dias.

Em certo sentido, José Dias resume e simboliza a mediocridade e superficialidade de Dona Glória e seu círculo. Porém, existe um outro lado de José Dias que o distingue dos outros Josés de Machado[30]. Seu santo é o pai da Sagrada Família. São José não é tido apenas como o santo patrono da família, que atende pedidos de auxílio relativos a assuntos familiares; ele é também o protetor da Igreja Temporal e o patrono da Bela Morte, porque ele próprio teve a morte mais bela possível, tendo Cristo a seu lado. A função de José Dias como protetor da família de Santiago é óbvia; até sua relação com a "Santíssima" Dona Glória e Bentinho se assemelha ao papel respeitoso e protetor de São José com respeito à Virgem e ao Menino Jesus. Sua atitude protetora em relação à Igreja brasileira e ao próprio Papa, deveras – ou seja, em relação à Igreja Temporal – mostra-se com frequência. Mas é o tributo de São José como patrono da Bela Morte que se encontra mais definitivamente ligado a José Dias; ele confirma não só seu próprio papel na família de Santiago como também na de Glória como a Virgem Maria e Bento como o Cristo. No momento de sua morte, ele tem Bentinho a seu lado:

[...] até que veio o último [superlativo], o melhor deles, o mais doce, o que lhe fez da morte um pedaço de vida.

[...] Morreu sereno, após uma agonia curta. Pouco antes ouviu que o céu estava lindo, e pediu que abríssemos a janela.

[...] Abrimos a janela. Realmente, estava um céu azul e claro. José Dias soergueu-se e olhou para fora; após alguns instantes, deixou cair a cabeça, murmurando: Lindíssimo! Foi a última palavra que proferiu neste mundo.

---

30. Com exceção, talvez, de Aires, que serve de "pai espiritual" aos gêmeos (*Esaú e Jacó*, caps. XXXVIII e XLIV).

"Sol" e "céu azul", no vocabulário de Machado, designam "amor puro" e "confiança inocente"[31], de modo que tanto a morte de José Dias quanto o brasão de sua família o associam a Cristo. E "contornar o Cabo da Boa Esperança" é utilizado alhures por Machado de Assis como símbolo de desejo de conquista e egoísmo[32].

Dentre os nomes da família Pádua, não encontramos nada que evoque antigos heróis portugueses, e mesmo o elemento cristão é encoberto por outras sugestões mais convincentes. "Pádua" é um nome português comum e simples, supostamente derivado de Santo Antônio de Pádua. O primeiro nome do Pádua em questão, "João", também é um dos prenomes portugueses mais comuns – e nós sabemos que Pádua é um sujeito comum, um homem chulo dado a más companhias, segundo José Dias, e, certamente, um homem reles. Mas para Machado de Assis, assim como para nós, o nome "Pádua" sem dúvida traz à mente o "Signior Benedicto de Padua", o "Signior Baptista, um cavalheiro de Padua", o escrivão Portia "recém-chegado de Padua". Padua é uma pequena cidade distante trinta e cinco quilômetros de Veneza, identificada por Machado de Assis *com* Veneza[33]. Veneza, na obra de Machado de Assis, repre-

---

31. Por exemplo, em "Phalenas: Pálida Elvira XXX" (*Poesias Completas*); crítica de *O Lírio Branco*, de Luiz Guimarães Junior, em *O Futuro*, Rio de Janeiro, 1 de janeiro de 1863 (*Chronicas*, I) – onde "horizonte azul e puro" é equiparado à "inocência dos amores". Cf.: "a [alma] azul de Julieta" – "Último Capítulo" (*Histórias sem Data*); Natividade, que, aos quarenta anos, ainda conserva uma "alma azul" por ter passado pela vida "intacta e pura" – *Esaú e Jacó*, cap. XIX; *Dom Casmurro*, caps. LXXX-LXXXI (Capitu) e cap. XCIII (Escobar e Bentinho). Cf. a carta de Machado de Assis a Lúcio de Mendonça, de 24 de janeiro de 1872 (*Correspondência*): "Mas por que *névoas*? Não as tem a sua idade, que é antes de céu limpo e azul, de entusiasmo, de arrebatamento e de fé".

32. *Esaú e Jacó*, cap XIX. O simbolismo é tirado da estória de Adamastor e Tétis, de Camões (*Os Lusíadas*, V).

33. "Ao Acaso", *Diário do Rio de Janeiro*, 31 de janeiro de 1865 (*Chronicas*, II).

senta com frequência o Rio de Janeiro, e a República Veneziana, a "Sereníssima República", o Brasil[34]. Certamente, João Pádua é um daqueles brasileiros de espírito fraco governados por mulheres superiores de seu parentesco, que Machado tanto retratou. Acredito que Machado de Assis queria dar-lhe um sabor shakespeareano por meio do nome, que, de imediato, recorda o pai da megera Katherine, e Brabantio, o pai de Desdêmona – ambos não tinham o que fazer para ajudar suas filhas. Capitu governa seu pai, embora mais sutil e gentilmente do que Katherine, e o engana, como Desdêmona a Brabantio. De fato, Machado de Assis utilizava o nome "Baptista" para designar tipos de Shakespeare: em *Ressurreição*, para um "Iago"; em *Esaú e Jacó* para um homem amaldiçoado com duas megeras em casa – sua mulher, uma senhora propensa à política relacionada por Machado de Assis a Lady Macbeth, e uma bela filha, revoltada com seus pais, que não a compreendem, como no caso shakespeareano de Katherine e Brabantio. Como Brabantio, nosso Pádua é um funcionário do governo, como já foi mencionado; e, embora não seja um "magnifico", granjeia o privilégio de levar o pálio em uma procissão do Santíssimo[35].

---

34. Particularmente em seu conto "A Sereníssima República", em que ele explica, numa nota, se tratar de uma representação alegórica das práticas eleitorais brasileiras. Cf. sua coluna de 12 de maio de 1864 e de 15 de outubro de 1876, em *Semana Ilustrada* (*Chronicas*, I e III, respectivamente); *Esaú e Jacó*, cap. XXXVI. O simbolismo é superficialmente apropriado, pois "sereníssimo" e "sereníssima" eram usados como títulos de membros da Casa dos Bragança: Machado, em suas colunas, refere-se às filhas de Dom Pedro II como as "sereníssimas princesas".

35. Uma versão inicial do assunto tratado em *Dom Casmurro*, caps. III, IV e V, que aparece em *A República*, Rio de Janeiro, 15 de novembro de 1896, sob o título "Um Agregado (Capítulo de um Livro Inédito)", foi republicada em *Contos Esparsos*, pp. 269-273. Nessa versão, à exceção de um, todos os personagens mencionados têm os mesmos nomes como no romance: Dona Maria da Glória, Bentinho, tio Cosme, prima Justina, José Dias são os mesmos; porém, Pádua aparece com o nome de Fialho. E sua filha, que não é nomeada, tem treze anos de idade, em vez de catorze, como em *Dom Casmurro*. A respeito de Machado de Assis e a "idade de Julieta" consultar adiante a nota 49 do capítulo 8 deste estudo.

Qualquer significado mais profundo no nome da mãe de Capitu me escapa, até o presente. (A lenda de Santa Fortunata não parece fornecer nada pertinente.) "Fortunata" é um adjetivo latino que significa "abençoada pela fortuna, pessoa de sorte". Claro, o marido de Dona Fortunata ganhou um prêmio na loteria, que *ela* gastou de maneira previdente; ela tem uma vida caseira feliz e casa bem a filha. Além de sua maneira providencial de governar seu marido, seu hábito de aparecer brevemente durante as cenas de amor entre Bento e Capitu dá a sensação de que ela poderia ainda representar a deusa Fortuna – levemente irresponsável, como a deusa é frequentemente representada – sorrindo para o amor dos dois. Seu nome pode sugerir, como local originário, as ilhas Madeira ou Canárias – que formavam aquilo que se conhecia antigamente por Fortunatae Insulae; esta teoria, seja o que for que possa conotar, relacioná-la-ia com os canários de seu marido.

O nome de Capitu, "Capitolina", também possui feições romanas. Parece ter sido utilizado somente uma vez por Machado de Assis, apesar de ele frequentemente empregar o substantivo "capitólio", de onde deriva o nome. Em português, este nome é utilizado principalmente em um sentido figurado como substantivo comum cujo significado é "triunfo, glória, eminência, esplendor, magnificência". Machado utilizou esta palavra com os sentidos acima e também em um sentido mais específico que pode ser encontrado no ditado: "Do capitólio à rocha Tarpeia não vai mais que um passo", no qual ela significa "as glórias ou prazeres deste mundo" bem como "as glórias de uma alta posição". Com o nome de Capitu, é provável que Machado pretendesse abarcar todas as conotações acima, como testemunha de sua nobre beleza e dignidade, seu cuidado em se vestir, suas ambições tanto intelectuais quanto sociais, captadas em seu desejo

O OTELO BRASILEIRO DE MACHADO DE ASSIS

de aprender latim, inglês, renda, pintura, piano e canto, em seu interesse pelas festividades de coroação e em sua admiração por Júlio César, "um homem que podia tudo". Sua capacidade de apreciar os prazeres deste mundo é demonstrada pela naturalidade com que se engaja na consumação de seu amor, enganando seus pais, e por seu gosto pela simples diversão: "Capitu gostava de rir e divertir-se"[36]. Em outras palavras, suas qualidades humanas irrepreensíveis encontram-se simbolizadas em um nome carregado de implicações cristãs. Porém, assim o creio, o nome "Capitolina" tem uma conotação especial. Como dito anteriormente, a heroína de *Ressurreição*, Lívia, parece ser o embrião de Capitu, assim como o protagonista Félix (cujo nome significa "abençoado pelos deuses") contém o embrião de Bento ("abençoado por Deus").

Em Lívia, Machado retrata uma mulher altiva e inteligente, mas também generosa e adorável. Lívia não é o nome de uma santa. Ao contrário, remete-nos imediatamente à mulher do imperador Augusto – Lívia – identificada com o Capitólio romano. Quando Lívia aparece pela primeira vez no romance, sua amiga Rachel a chama de "a rainha da noite", e o autor comenta: "Lívia tinha efetivamente um ar de rainha, uma natural majestade, que não era rigidez convencional e afetada, mas uma grandeza involuntária e sua"[37].

À imperatriz Lívia foi dado o título de "Augusta". Sabemos, para além de qualquer dúvida, que Machado de Assis associa dignidade régia e o fervor de um amor generoso ao nome "Augusta". No final do conto "Qual dos Dois?", ele repreende a heroína Augusta por não viver de acordo com seu nome ou,

36. *Dom Casmurro*, cap. CV.
37. *Ressurreição*, cap. III.

antes, por exagerar e perverter sua augusta altivez em vaidade impiedosa e despótica.

Repelindo os que a amavam, leviana em suas ações, dotada de um caráter orgulhoso e altivo, Augusta teve o castigo dos próprios erros. [...]
Ninguém deve imitar Augusta; é um desses tipos raros, extravagantes, que nunca podem ser a esposa amante, nem a mãe carinhosa; em suma, é a mulher sem nenhum traço augusto.

Mas o nome talvez se encontre dentro de casa. A esposa de Machado chamava-se "Carolina Augusta". Em uma de suas duas cartas (publicadas) de amor endereçadas a ela, ele fala de seu "império" sobre ele (ou seja, o direito dela de comandar); é a mesma palavra usada por Capitu[38]. E, mais adiante nessa carta, ele escreve:

Espírito e coração como os teus são prendas raras; alma tão boa e tão elevada, sensibilidade tão melindrosa, razão tão reta não são bens que a natureza espalhasse às mãos cheias pelo teu sexo. Tu pertences ao pequeno número de mulheres que ainda sabem amar, sentir e pensar[39].

O romance *Ressurreição* foi vendido a B. L. Garnier em um contrato datado de 30 de setembro de 1869, com entrega prometida para "meado de novembro do corrente ano"[40]. Nesse mesmo mês, Machado casou-se com sua Carolina Augusta[41]. Talvez não seja de se surpreender que a Lívia (Augusta) de *Ressurreição* combinasse modos e intelecto régios com fervor de amor e alma, ou que Machado de Assis continuasse a associar

38. *Dom Casmurro*, cap. LXXXIII: "e a boca (de Capitu, tinha) outro império".
39. Ambas as cartas datam de 2 de março (sem indicação de ano, mas escritas durante seu namoro com Carolina) e foram publicadas em *Exposição Machado de Assis: Centenário do Nascimento de Machado de Assis: 1839-1939*, ed. Instituto Nacional do Livro, Rio de Janeiro, 1939, pp. 62-64.
40. *Idem*, p. 178.
41. *Idem*, p. 136.

O OTELO BRASILEIRO DE MACHADO DE ASSIS

essas qualidades com o nome "Augusta" e mesmo com seu lar, o Capitólio. Carolina Augusta não foi nenhuma afeição passageira: seu casamento durou trinta e cinco anos, encerrado somente devido à morte da esposa. Nos derradeiros quatro anos de vida que se seguiram, Machado de Assis pôs nas cartas a seus amigos todo o seu pesar, e escreveu um último romance no qual há três heroínas – todas chamadas Carolina Augusta[42].

Como se para chamar nossa atenção para a significância dos nomes de Bento e Capitu, a confissão desse amor tem início com a união dos dois nomes, por Capitu, no muro do quintal.

> Li estes dous nomes [escreve Santiago], abertos ao prego, e assim dispostos:
>
> BENTO
> CAPITOLINA

É o começo do amor dos dois. Em um sentido mais profundo, é o resumo da estória inteira – o conflito de duas naturezas.

---

42. A saber, Carmo, Rita e Fidélia, de *Memorial de Aires*. Lúcia Miguel Pereira (*Machado de Assis: Estudo Crítico e Biográfico*, 5. ed., Rio de Janeiro, José Olympio, 1955, p. 272) observa que os personagens Aires e Aguiar, do mesmo romance, representam duas facetas do próprio Machado de Assis; e Barreto Filho ("Machado de Assis", *O Romance Brasileiro de 1752 a 1930*, ed. Aurélio Buarque de Hollanda, Rio de Janeiro, Cruzeiro, 1952, p. 148) desenvolve esse tema. Do mesmo modo, creio eu, mas em maior grau, Carmo, Rita e Fidélia representam três aspectos de Carolina, mencionados por Elói Pontes (*A Vida Contraditória de Machado de Assis,* Rio de Janeiro, José Olympio, 1939, pp. 163 e 182-184): "mãe", "irmã" e "esposa". Além disso, creio, essas três mulheres retratam Carolina em diferentes idades e sob diversas condições (hipotéticas): Carmo, a Carolina real dos anos maduros da vida de Machado; Fidélia, a Carolina menina que desafiou a família para se casar com Machado, mais a Carolina que teria sido caso Machado tivesse morrido antes dela, ainda na juventude; Rita, a Carolina que se tornaria se Machado morresse primeiro, mas já em meia idade.

Acredito ser esta identidade de Carmo e Fidélia que provoca a confusão de seus nomes praticamente constante nos manuscritos de Machado de Assis – um fato já notificado por Lúcia Miguel Pereira (*idem*, pp. 272-273) e Peregrino Junior (*Doença e Constituição de Machado de Assis*, Rio de Janeiro, José Olympio, 1938, pp. 143-153), embora suas explicações sejam muito diferentes entre si, bem como da minha.

Dois outros pontos devem ser notados a respeito dessa inscrição. É por ela que conhecemos, pela primeira vez, o verdadeiro nome de Capitu, de modo que ele se torna duplamente significativo – o descerramento dramático de uma cortina. Em segundo lugar, os nomes aparecem no livro em letras maiúsculas romanas (letras "de forma") bem grandes. Machado de Assis tinha o hábito de especificar o tamanho e o tipo a ser usado em citações. Mais exatamente, ele chega mesmo a ser bastante meticuloso nessa matéria, ao que parece[43].

Um outro detalhe do nome de Capitu pode ser importante. Na lenda dos santos cristãos, a capadócia Capitolina foi acompanhada em seu martírio por sua criada Erotheis (também escrito "Erotis" ou "Erotes"). "Erotheis" está aparentemente relacionado com a raiz grega "erot-", que significa "amor" (assim como, por exemplo, em "Eros" e "Erotes") – um significado que não deve ser negligenciado em Machado de Assis, cujo interesse nos clássicos é evidenciado pela constante alusão em seus escritos. De fato, em sua maturidade, ele pôs-se a estudar grego antigo[44]. Santa Capitolina e sua criada, Santo "Amor", sofreram seu martírio em 304 d.C.

Os nomes das outras referências da casa de Santiago, embora talvez não tão estreitamente relacionados à trama, também dão sua contribuição; e são, em todo caso, apropriados a seus detentores. Comecemos com um caso menor, Dr. João da Costa, o médico da família. "Costa" é um tradicional nome português da época do descobrimento. Mas o significado básico do substantivo comum "costa" é "costela", e o brasão da família

---

43. *Exposição Machado de Assis*, pp. 202-206 (cartas de Machado de Assis a seu editor H. Garnier, Paris, e a seu agente no Rio de Janeiro, J. Lansac: 12 de fevereiro de 1900 [Garnier], 8 de setembro de 1902 e 10 de julho de 1903 [Lansac], 9 de novembro de 1903 e uma carta sem data relativa ao *Memorial de Aires* [Garnier]).

44. *Idem*, pp. 100-119.

Costa possui seis estrias prateadas em duas palas sobre um campo vermelho encimado por um timbre de duas estrias em cruz. Em outras palavras, Machado o denominou Dr. Costa tanto quanto poderia tê-lo denominado Dr. Costela, Dr. Clavícula ou Dr. Tíbia – para depreciar sua capacidade profissional. Santiago, recordemos, resume sua "terapêutica" em duas palavras – "sanguessugas e vomitórios" – e insinua que sua excelência primordial era uma mão extra no *voltarete*. Note-se também o nome próprio "João", o mesmo de Pádua, agravando ainda mais a insignificância do homem. Poder-se-ia admitir que o círculo de Dona Glória não era da melhor qualidade.

O nome do padre Cabral tem feições verdadeiramente gloriosas. Há, por exemplo, Pedro Álvares Cabral, o famoso descobridor do Brasil, companheiro de Afonso de Albuquerque. Há um outro Cabral, não tão conhecido, porém mais estreitamente semelhante ao nosso padre – o irmão Manoel Cabral, eminente latinista e escritor do século dezoito. O sacristão chama o padre Cabral "padre modelo", "bom latinista", mas Santiago insinua não ter aprendido muito latim com ele[45]. Há indicações de que, assim como no caso do Dr. João da Costa, o auge de padre Cabral se desse diante do tabuleiro de jogo. ("Tinha muito bom dado", observa gentilmente o sacristão, "um dado de mestre"[46].) E Santiago nos diz ter ele algo de *gourmet* – um bom espécime para fazer companhia a tio Cosme –, um cômodo padre confessor para um cômodo senhor colonial! O sangue esmoreceu.

O nome de prima Justina é autoexplicativo (contudo, e curiosamente, Santa Justina foi uma virgem mártir de Padua): ela é justa, especialmente em seu discurso. Ela sempre dá ao diabo o seu quinhão – no sentido estrito, senão no usual, da palavra.

---

45. *Dom Casmurro*, cap. XXXVII.
46. *Idem*, cap. CXLII.

Para citar Santiago: "dizia francamente a Pedro o mal que pensava de Paulo, e a Paulo o que pensava de Pedro"[47]. Em suma, nunca diz mais sobre alguém do que o merecido.

Se prima Justina não exerce uma influência em Santiago, pelo menos reflete um elemento pouco generoso de seu caráter: uma tendência a ver o pior de uma pessoa e a suspeitar de suas motivações.

O nome de Escobar – Ezequiel de Souza Escobar – não somente indica seu caráter como também o enlaça diretamente na trama. Santiago, falando de seu filho, explica a origem e o significado do nome "Ezequiel" por meio de duas citações retiradas do Velho Testamento: "Sois perfeito desde o dia em que fostes criado" e "Ezequiel, filho do homem". Ambas as citações têm o mesmo significado, pois "filho do homem" significa o homem em seu estado perfeito e simples, como saiu das mãos de Deus – em contraste com os homens perversos a quem o profeta Ezequiel tentou devolver a prístina condição de pureza. Embora Santiago coloque suas próprias construções nessas citações, em uma tentativa de persuadir o leitor em relação à ilegitimidade de seu filho, não há razão aparente, pelo menos no caso de Escobar, que convença a não tomá-las por seu valor de rosto. Elas parecem corroborar o retrato de Escobar feito por Santiago, se deixarmos de lado as suspeitas por ciúme precedentes. Escobar é um fino espécime da raça humana: fisicamente forte e atraente, dotado de raros dons intelectuais, gentil e generoso. Se considerarmos o Novo Testamento, devemos acrescentar ainda uma aura de divindade tanto a Escobar quanto a

---

47. *Idem*, cap. XXI.
Há uma Justina em um dos contos de Machado de Assis ("Ernesto de Tal") que pode ter sido a irmã gêmea da prima de Santiago, mesmo não tendo, de fato, sido a mesma mulher na mocidade.

Ezequiel: Jesus se refere a si mesmo como Filho do homem (por exemplo, Marcos 9:9); e os anjos em Sua sepultura chamam-no Filho do homem (Lucas 24:7).

"Souza" e "Escobar" eram nomes proeminentes na época do descobrimento. Martim Afonso de Souza, um dos mais ilustres guerreiros e navegadores portugueses, é o responsável pelo nome "Rio de Janeiro", que aplicou à baía. Tomé de Souza foi o primeiro governador geral do Brasil; um certo Lopes de Souza foi o primeiro *capitão* da província na qual nasceu Escobar. Há ainda um outro navegador bem-nascido, descrito por João de Barros – Pero Escobar – que pilotava uma das quatro caravelas de Vasco da Gama na ocasião do descobrimento da rota para a Índia. Devemos recordar que Santiago, ao descrever a estreita amizade entre ele e Escobar, cita uma longa passagem da obra de João de Barros[48]. Mas devemos ter em mente que foi Machado de Assis, e não Santiago, que deu o nome a Escobar. E existe um outro Escobar ainda mais familiar a Machado de Assis – o famoso casuísta jesuíta do mesmo nome atacado por Pascal em suas *Provinciales*[49]. Ezequiel Escobar foi o responsável pelo estratagema casuístico que livrou Santiago do seminário: o patrocínio por Dona Glória da educação de um pobre órfão para o sacerdócio – isto é, arranjou um bode expiatório que substituísse o prometido sacrifício de seu filho a Deus. E há outras indicações de poderes de raciocínio jesuítico da parte de Escobar: por exemplo, o fino argumento pela reforma ortográfica; sua observação de efeito sobre a melhor maneira de servir a Deus neste mundo; e seu comentário a respeito de sua saída, e a de

---

48. *Dom Casmurro*, cap. CXVII.
49. "Aí está o caso em que nem o mais fino Escobar era capaz de resolver..." Machado de Assis em *Gazeta de Notícias*, 7 de novembro de 1883 (*Crônicas de Lélio*, p. 43).

Santiago, do seminário: "Ainda um vez [...] a religião e a liberdade fazem boa companhia"[50]. Neste último exemplo de lógica, o jesuíta e o navegador se dão as mãos; e trata-se, não obstante, do lema de toda a vida de Escobar. Assim como tio Cosme empenha sua fé religiosa para tornar sua já amena vida ainda mais amena, Escobar adapta a sua às necessidades de uma vida agressiva no meio dos negócios comerciais. O significado da palavra hebraica "Ezequiel" é "aquele a quem Deus fortalece".

Embora o filho de Santiago tenha sido batizado, estritamente falando, não por Machado de Assis mas pelo próprio Santiago, há dois detalhes interessantes concernentes a *seu* nome. O profeta Ezequiel que, na tradição católica, é também um santo e um mártir, pois foi morto por um juiz judeu tornado pagão, foi sepultado na Babilônia no túmulo de Shem. Ezequiel Santiago é sepultado, com grandes cuidados cerimoniais, "nas imediações de Jerusalém". Santiago sabe, evidentemente, a localização exata, mas não passa a informação ao leitor. O segundo detalhe do nome de Ezequiel é mais peculiar. O pai de Santiago chamava-se Pedro de Albuquerque Santiago. Não somos informados sobre o nome completo de Bento Santiago, mas sabemos que amigos e conhecidos o chamam por "Santiago". Quando Ezequiel retorna à casa, já rapaz feito, ele manda apresentar seu cartão, onde se lê

EZEQUIEL A. de SANTIAGO

Isto é, ele reduziu o ancestral "Albuquerque" a uma inicial, e a necessidade do "de" foi transferida para a posição precedente a "Santiago"; e, assim, o genitivo "de Santiago" torna-se um patronímico, "filho de Santiago" – como se estivesse afir-

---

50. *Dom Casmurro*, cap. CXXIX.

O OTELO BRASILEIRO DE MACHADO DE ASSIS

mando que Ezequiel é de fato filho de Santiago. Assim como os nomes de Bento e Capitu no muro, o nome no cartão de visita aparece, na impressão do livro, em grandes letras maiúsculas romanas – um detalhe, que podemos de resto assegurar, proposital de Machado de Assis[51].

O nome da amiga de Capitu, Sancha, e o de seu pai, Gurgel, não são muito propícios ao deslindamento de seus significados. As únicas coisas que Sancha Gurgel tem em comum com a princesa portuguesa santificada são sua natureza gentil e submissa e seu sóror isolamento precoce. Mas existe uma trova espanhola, também corrente em Portugal, com diversas variantes,

> Pecadora de Sancha!
> quería y no tenía blanca!
>
> Pecadora de Sancha!
> quería beber y
> no tenía blanca!
> > etc.

que significa "Sancha tem o desejo, mas não os meios de os satisfazer". Santiago transmite a impressão de que Sancha estava "interessada" nele, e sua citação de Dante nesse sentido é bem forte para um leve interesse[52], mas ele também deixa claro que não há realmente nada entre eles.

O nome "Gurgel" (também escrito "Gorgel"), de origem honrosa e procedente notoriamente do defensor do Rio de Janeiro contra os franceses, Bento Gurgel, assemelha-se ao substantivo comum "gorgel" ou "gorjal" ("gorget"), que vem de "gorja" ("gullet"). Existe uma outra palavra que por som e sen-

---

51. Note-se que estes são os dois únicos momentos no texto do livro em que tal alteração tipográfica ocorre.
52. *Dom Casmurro*, cap. CXXIX.

HELEN CALDWELL

tido lembra o nome do pai de Sancha – "Gorjala"*, o nome de um gigante glutão do folclore brasileiro. Santiago nos informa que Gurgel rende-se a seu grande estômago e tem um rosto grosseiro. Mas há derivativos de "gorja" que indicam a outra função da goela: "gorjeia", "gorjeador". O pai de Sancha era bastante tagarela[53]. De fato, sua principal função, no que respeita à trama, é servir como uma espécie de oráculo – um oráculo repudiado por Santiago. É Gurgel quem aponta a semelhança entre Capitu e o retrato da mãe de Sancha e profere a sentença délfica: "Na vida há dessas semelhanças assim esquisitas".

Se os significados aqui são um pouco tênues, o sentido mais óbvio dos dois nomes restantes, "Marcolini" e "Manduca", irá ampliar a dificuldade de interpretação do de Sancha e o de Gurgel, e reafirmar o papel importante dos nomes em *Dom Casmurro*[54].

Marcolini, como convém a um cantor de ópera, tem um nome italiano. E não só isso: tem um nome originado de uma famosa cantora, Marietta Marcolini, de pouco mais ou menos uma

---

* Segundo lenda cearense, gigante negro, de um olho só, que come homens (N. do T.).

53. Poder-se-ia mencionar ainda um contemporâneo de Machado de Assis, Honório Gurgel, um vereador de diversos mandatos mencionado por Machado em sua coluna na *Gazeta de Notícias* de 14 de julho de 1895 (*A Semana*, II).

54. Os nomes geográficos também devem ser significativos. (Cf. a fantasia de Machado de Assis sobre a "Rua do Pagão", em *Gazeta de Notícias*, 5 de agosto de 1894 [*A Semana*, II]). As implicações da "Rua da Glória" foram mencionadas no texto deste estudo (cap. 3); as de "Itaguaí", local de nascimento de Bentinho, serão tratadas no cap. 10. "Matacavallos", como utilizado por Machado no romance, parecem significar "mata cavalos", conotando a expressão adverbial "a matacavalos" ("às carreiras", "a toda a brida") e se referir aos dândis que corriam com seus cavalos nessa rua. Note-se que, em "Um Agregado" (consultar acima, nota 35), a casa de Dona Glória fica na "Rua do Rezende" e o local de nascimento de Bentinho é Cantagallo, e não Itaguaí. "Engenho Novo", além do significado histórico de "nova moenda (de açúcar)", parece incluir um outro significado de *engenho* – "mecanismo" – e se referir aqui à restauração da antiga casa, localizada inicialmente na Rua de Matacavallos. Por ignorar a história e a geografia do Rio de Janeiro, não me sinto capaz de fornecer chaves para o significado de outros nomes de lugares.

geração antes de Machado de Assis, para quem Rossini compôs algumas de suas óperas. Mas permitam-nos examinar "Marcolini" em um conteúdo português. Assim como para Custódio Marques, cujo nome foi discutido acima, parece haver um traço do verbo "marcar", como "marcar" um itinerário, um destino ou um padrão de dança. Santiago chama de *digressão* os capítulos sobre Marcolini e sua extensa comparação da vida a uma ópera. Será mesmo? É verdade que Marcolini aparece somente uma vez e somente para explicar sua teoria acerca da vida. Mas trata-se, antes, de um prólogo que "marca", de uma forma simbólica, a estória que virá, a luta dentro de Santiago entre o bem e o mal, espiritualidade e sensualidade, amor e amor-próprio – que é a própria trama.

O episódio de Santiago e o menino leproso, bem como sua polêmica sobre o distante conflito entre a Rússia e a Turquia, também foi classificado como uma digressão por alguns. Mas novamente o nome, em si, do menino força-nos a concluir que essa passagem é essencial ao desdobramento do conflito dentro de Santiago. Pois com a estória de Manduca, Machado de Assis põe o dedo no ponto fraco da natureza de Santiago – a mesma fraqueza que irá causar sua queda.

"Manduca" é um termo brasileiro carinhoso dado aos de nome Manuel[55]. E somos apresentados ao amor, cuidado e consideração dedicados pelos pobres pais ao menino. O nome pode também conotar sua enfermidade: o verbo "manducar" é um termo vulgar para o verbo "comer", e é dito que "a doença ia-lhe comendo parte das carnes". Mas é ainda o nome correto do menino que é mais significante.

---

55. J. Leite de Vasconcellos, *Antroponímia Portuguesa*, Lisboa, Imprensa Nacional, 1928, pp. 469-470; Simões da Fonseca, *Dicionário Enciclopédico da Língua Portuguesa*, Rio de Janeiro e Paris, Garnier, 1926, "Manduca".

O nome "Manuel" sem nenhuma dúvida sugere o mais famoso dos Manuéis, o décimo-quarto rei de Portugal, Manuel, o Venturoso, em cujo reinado ocorreram os maiores eventos da história portuguesa: a descoberta da rota para a Índia por Vasco da Gama; a descoberta do Brasil por Cabral e de Labrador por Corte Real; as grandes conquistas de Albuquerque em Ormuz, Goa e Málaca; a circunavegação do globo por Magellan – o rei cujo próprio nome é sinônimo da opulência da Índia, o rei em cujo reino os homens *viveram* seus sonhos e esperanças. Poderia parecer uma cruel ironia da parte de Machado denominar o pobre menino leproso como Manuel, o Venturoso – mas, será mesmo? Manduca, poder-se-ia dizer, não tem nada – menos do que nada – pois o aflige uma enfermidade cruel. Ele não recebeu nenhuma das bênçãos da vida que Santiago leva. Santiago nomeia essas bênçãos – saúde, riqueza, posição social, amigos. Mas ele possui a coisa fundamental que falta a Santiago – uma enorme capacidade de amar; amar e ter fé em um homem, um povo, uma causa, uma vida. De seu quarto fétido e escuro de doente, ele escreve a Bento sua argumentação apaixonada a favor da Turquia, seu amor e paixão pela vida, sua *fé* – "Os russos não hão de entrar em Constantinopla!"

Por um breve momento, ele cinge Santiago com seu amor e fé, com seu amor à vida. E, por um momento, a alma de Santiago floresce na luz irradiada por Manduca: "[...] a natureza [...] acena [a Manduca] com uma flor. E talvez saia assim a flor mais bela". Sabemos, pelo capítulo do soneto de Bento ("Ó flor do céu! Ó flor cândida e pura!") que Santiago identifica a si mesmo, ou a sua alma, com uma "flor", de modo que a afirmação acima talvez queira dizer, em linguagem simples: alguns instintos mais elevados, ou, como ele mesmo denomina no capítulo anterior, "virtudes sem intenção"[56], instigaram-no

---

56. *Dom Casmurro*, cap. XCI.

a tomar parte no argumento de Manduca; nesse processo, um pouco da beleza da alma de Manduca respinga na flor Santiago. Por fim, o botão murcha, deixando apenas um ligeiro odor de amor-próprio: ele possui a consolação de ter dado "dous ou três meses de felicidade a um pobre diabo". Mas Manduca é Manuel, o Venturoso, detentor da opulência da Índia; Santiago é o pobre diabo[57]. Ele tem *tudo*, mas não sabe amar, nem tem fé. Seu coração é um barquinho frágil que se desvia de seu curso com a menor lufada de vento; é sobrinho de tio Cosme, que perdeu todo "o ardor político e sexual"; é um parente de Félix, cujo coração, se retornasse da morte, logo se arremessaria de volta ao túmulo. Ora, como Santiago diz de si mesmo, ele não conseguiu matar a preguiça de uma alma que a trazia de berço e não a sentia atenuada pela vida[58].

Vale a pena notar que Manduca possui apenas um nome, como um rei ou um deus. Na verdade, seu nome conota mais como Manuel, o Venturoso. "Manuel" é uma forma abreviada de "Emmanuel", uma palavra hebraica da Bíblia que significa "Deus está conosco" ou "Deus está entre nós". É o termo usado por Isaías referindo-se ao profeta Messias: "Eis que a virgem conceberá e dará à luz um filho, e chamá-lo-ão pelo nome de *Emmanuel*". Em Mateus (1:23), a profecia de Isaías é aplicada ao milagre do nascimento de Jesus da Virgem Maria. Assim, nos países católicos, o nome "Manuel" é aplicado a Cristo[59], em particular em relação à transubstanciação no Sagrado Sacramento, por meio do qual o comungante literalmente – e mesmo fisicamente – põe "Deus em" si bebendo o vinho e comendo a hóstia. E, para citar um fato, o rei Manuel, o Venturoso, foi chamado "Manuel" porque nasceu

---

57. *Idem, ibidem.*
58. *Idem*, cap. XX.
59. J. de Leite Vasconcellos, *Lições de Filologia Portuguesa*, Lisboa, Biblioteca Nacional, 1926, pp. 424-426; Vasoncellos, *Antroponímia*, pp. 77 e 82-84.

no dia de Corpus Christi, em que se comemora a instituição do Sagrado Sacramento[60]. Até mesmo o apelido diminutivo "Manduca" aponta para esta interpretação de "Manuel".

Qui *manducat* meam carnem et bibit meum sanguinem habet vitam aeternam...
Qui *manducat* meam carnem et bibit meum sanguinem in me manet et ego in illo. [João 6:55 e 6:57][61]

Em Manduca, Machado de Assis equacionou o amor, a vida e o espírito de Jesus Cristo: "Eu sou a ressurreição e a vida". Devemos recordar que, quando Santiago interrompe a narrativa da estória de Manduca, ele olha pela janela e vê um outro menino chamado Manduca, que "não é um leproso" e está "empinando um papagaio de papel". Pois mesmo ao leitor mais desatento não deve escapar esta implicação, que ele não só comenta sobre esse outro Manduca, como faz ainda uma outra observação: "Tudo o que vejo lá fora *respira vida*". Aparentemente, Santiago não tem consciência da importância de suas próprias palavras, pois mais uma vez ele reverte os sinais. Ele intitula o capítulo final do episódio Manduca "O diabo não é tão feio como se pinta" e recorre a alguns coloridos para passar a impressão de que o diabo está representado em Manduca. Mas, obviamente, o diabo está em Santiago e o que ele chama de diabo é Deus, de modo que o título ficaria melhor como "grande é o mistério da piedade: Deus se manifestou na carne" [1 Timóteo 3:16], ou, como Machado de Assis escreveu alhures, "Deus escreve certo por linhas tortas"[62].

60. *Idem*, p. 82.
61. Vulgata. Nas versões inglesas traduzidas do grego, esses versos são numerados 54 e 56.
62. "História dos Quinze Dias", *Ilustração Brasileira*, 1 de abril de 1877 (*Chronicas*, III); *Quincas Borba*, cap. I.

5
O MAL DE SANTIAGO

A morte de Manduca lança uma nuvem sombria no idílio de Bento e Capitu. Santiago nos diz que, ao deixar a casa do defunto, suas ideias douradas de amor perderam o lustro e o metal trocou-se em cinzas. Trata-se de um presságio da sombra maior que iria envolver o amor no coração de Santiago, para matá-lo. Ele próprio sente essa força gélida e agarra-se desesperadamente no amor físico. No capítulo em que ele faz as tranças de Capitu, quando sente sua própria inadequação frente à emoção mais forte de Capitu, ele se sente puxado pela ressaca de amor de seus olhos e se agarra em seus cabelos com suas mãos "físicas"; depois de ver o corpo de Manduca, seu pensamento é: "Amai, rapazes! e, principalmente, amai moças lindas e graciosas; elas dão remédio ao mal, aroma ao infecto, trocam a morte pela vida... Amai, rapazes!"

Continuando o paralelo implícito nesse episódio: Manduca morre de uma "cruel enfermidade, a lepra" e "para entrar na sepultura, gastou três anos de dissolução". No caso de Santiago, a qualidade de Manduca (capacidade de amar) morre de uma lepra da alma, e ele conta quinze anos na ocasião do processo de dissolução. Santiago chama seu mal de "ciúme"; e o ciúme também o carcome, a ele, seu amor, sua honestidade e generosidade – todas as suas boas qualidades. Pois Santiago tinha boas qualidades; ele estava se tornando um homem, no melhor sentido da palavra. É por isso que Capitu o ama. É por isso que sentimos a tragédia de sua queda.

Consideremos o curso do "mal" de Santiago, conforme ele nos conta.

O primeiro sintoma aparece (diz ele) quando José Dias o visita no seminário e deixa escapar a observação incauta de que Capitu está alegre e feliz como sempre, apenas esperando para "pegar" algum jovem dândi da vizinhança para se casar. O capítulo em que isso é relatado intitula-se "Uma Ponta de Iago". O efeito imediato das notícias de José Dias é meter Santiago em um transe no qual ele perde a consciência das adjacências e tem a fantasia de correr ferozmente para a casa de Capitu, agarrá-la e forçá-la a dizer a verdade. Esse primeiro ataque de ciúme parece inteiramente justificável. É natural que ele tenha ciúme dos jovens e vivos aristocratas que rodeiam a casa de Capitu, com suas belas botas e esporas em suas rubras montarias – especialmente se tivermos em mente que ele "não sabia montar, e tinha medo ao cavalo". Mas talvez haja um conflito mais profundo por trás disso. No mesmo capítulo, José Dias menciona as lágrimas de Dona Glória, vertidas devido à ausência do filho, e os dois capítulos seguintes são dedicados ao sonho tido por Santiago naquela noite, com uma indicação de seu significado: a dúvida se ele devia amar e casar-se com Capitu ou tornar-se um padre e continuar como o filho amado de sua mãe.

O segundo ataque de ciúme de Santiago se dá no fim da primeira visita de Escobar à sua casa. Capitu não toma parte da visita – nem sequer vê Escobar – mas, quando este e Santiago encontram-se na rua, despedindo-se, ela os observa pela janela da frente. E, como Santiago permanece à porta, para ver se Escobar acena-lhe do ônibus, Capitu pergunta da janela: "Que amigo é esse tamanho?" Com isso, Santiago termina o capítulo: "É o Escobar, disse eu indo pôr-me embaixo da janela, a olhar para cima".

Deve-se notar que se reproduz aqui a situação do sonho de Santiago, descrito nove capítulos antes, logo após seu primeiro ataque de ciúme. Nesse sonho, Santiago observa a janela de Capitu, espiando jovens dândis, quando, de repente, um deles foge e Santiago vai em direção a Capitu.

Retornando à narrativa de Santiago: no momento preciso em que ele ocupa seu lugar sob a janela de Capitu, um jovem dândi desce a rua a cavalo, fita Capitu e continua a fitá-la à medida que segue seu caminho. "Tal foi o segundo dente de ciúme que me mordeu", comenta Santiago. Em outras palavras, ele acha que tem ciúmes do dândi. Mas, para certificar-se de que o leitor está compreendendo a situação real de sua alma, Santiago acrescenta dois capítulos metafóricos entre a resposta "É o Escobar" e a passagem do dândi a cavalo.

No primeiro deles, intitulado "Uma Reforma Dramática", ele nos conta que o destino, como outros dramaturgos, não anuncia as mudanças repentinas da fortuna, nem a catástrofe final – cada uma delas chega a seu tempo; que há algo a reformar nesse método, e ele sugere que o drama comece pelo final. Ilustra, a seguir, sua proposta com o *Otelo* de Shakespeare:

O segundo capítulo, "O Contrarregra", é tão importante e necessário para a compreensão do ciúme de Santiago que eu o transcrevo a seguir praticamente em sua totalidade.

O Destino não é só dramaturgo, é também o seu próprio contrarregra, isto é, designa a entrada dos personagens em cena, dá-lhes as cartas e outros objetos, e executa dentro os sinais correspondentes ao diálogo, uma trovoada, um carro, um tiro. Quando eu era moço, representou-se aí, em não sei que teatro, um drama que acabava pelo juízo final. O principal personagem era Asaverus, que no último quadro concluía um monólogo por esta exclamação: "Ouço a trombeta do arcanjo!" Não se ouviu trombeta nenhuma. Asaverus, envergonhado, repetiu a palavra, agora mais alto, para advertir o contrarregra, mas ainda nada. Então caminhou para o fundo, disfarçadamente trágico, mas efetivamente com o fim de falar ao bastidor, e dizer em voz surda: "O pistão! o pistão! o pistão!" O público ouviu esta palavra e desatou a rir, até que, quando a trombeta soou deveras, e Asaverus bradou pela terceira vez que era a do arcanjo, um gaiato da plateia corrigiu cá de baixo: "Não, senhor, é o pistão do arcanjo!"

Assim se explicam a minha estada debaixo da janela de Capitu e a passagem de um cavaleiro, um *dandy*, como então dizíamos. Montava um belo cavalo alazão [...] Tinham passado outros, e ainda outros viriam atrás; todos iam às suas namoradas.

Ora, o *dandy* do cavalo baio não passou como os outros; era a trombeta do juízo final e soou a tempo; assim faz o Destino, que é seu próprio contrarregra. O cavaleiro não se contentou de ir andando, mas voltou a cabeça para o nosso lado, o lado de Capitu, e olhou para Capitu [...]

A interpretação completa parece ser esta: Escobar é a trombeta do juízo final; o dândi, o pistão. A 'deixa' de Santiago para o contrarregra é a frase: "É o Escobar". E o destino do contrarregra faz soar "o pistão", ou seja "o dândi". A implicação, tanto do sonho quanto destes três capítulos, é que Escobar já era o objeto do ciúme de Santiago muito antes de Capitu vê-lo e ele a ela, e ainda mais anterior, desde a época do sonho, quando Capitu sequer sabia da existência de Escobar. O destino, ao soar "o pistão" "a tempo", fez parecer que o dândi é "a trombeta do juízo final", ou seja, o ciúme subconsciente de Santiago em relação a Escobar vem à tona como um ciúme consciente em relação ao dândi. Mas nada disso atinge a consciência de Santiago nesse momento – seja o que for que o Santiago-narrador faça.

Poder-se-ia detectar também um elemento de vaidade, ou de ciúme homossexual, na sequência Escobar-dândi. Santiago observa o ônibus partir para ver se Escobar o ama o bastante para olhar para trás, à distância, "mas não olhou". Consideremos o dândi, que representa Escobar para ele, nesse instante: "O cavalo andava, a cabeça deixava-se ir voltando pra trás", fitando *Capitu.*

Assim, nos quinze anos que se seguem, o ciúme de Santiago aparece como um distúrbio crônico, desencadeado pontualmente por diversas pequenas irritações localizadas. Prima Justina o desperta, ao insinuar que Capitu ficou na casa de Sancha porque as duas flertam com rapazinhos. Na lua de mel, Capitu lhe parece ansiosa para voltar ao Rio de Janeiro; logo, ele imagina, ela deve ter se casado por dinheiro e posição. Mais adiante, seu ciúme é provocado por seus parceiros nos bailes, por sua falta de interesse em suas leituras sobre astronomia, por sua contemplação do mar, por ter esquecido o pregão de doces; por seu filho não se parecer com ele. Seu ciúme é desencadeado pela impressão de que Ezequiel se parece com Escobar – mas o objeto real do ciúme de Santiago começa a ganhar confiança em si mesmo, em seu consciente. O capítulo seguinte, "Embargos de Terceiros", em que Santiago retorna inesperadamente à casa e encontra Escobar na porta da frente, é igualmente insinuante. Mas nesse mesmo capítulo, como no capítulo seguinte, Santiago também resume seu ciúme consciente, que se perpetua pelos anos apesar da felicidade de seu casamento:

[...] o menor gesto [de Capitu] me afligia, a mais ínfima palavra, uma insistência qualquer. Cheguei a ter ciúmes de tudo e de todos. Um vizinho, um par de valsa, qualquer homem, moço ou maduro, me enchia de terror ou desconfiança.

Cinco breves capítulos depois, Escobar novamente começa a avultar na consciência de Santiago. Quando Escobar lhe diz ter feito "um projeto em família" para os quatro – a saber, Santiago, Capitu, Escobar e Sancha – Santiago pergunta com sarcasmo: "Para os quatro? Uma contradança". Em uma contradança, os casais dançam fitando um ao outro, ou seja, Escobar dançaria de frente para Capitu e Santiago de frente para Sancha. Mas "contradança" também tem o sentido figurado de um estado de grande confusão e desordem – em política, pelo menos – de tumulto moral, ou, antes, imoral. Santiago começa a pôr a ideia da contradança em funcionamento de imediato, fixando significativamente o olhar nos olhos de Sancha e apertando levemente sua mão. No mesmo capítulo, a inveja de Santiago em relação a Escobar é afirmada abertamente, pois, ao sentir os músculos do braço de Escobar, ele diz: "achei-os mais grossos e fortes que os meus, e tive-lhes inveja". O sentido figurado da palavra "contradança" talvez se encontre refletido na confusão de Santiago com os braços de Escobar e os de Sancha ("Apalpei-lhe os braços, como se fossem os de Sancha") e, certamente, na perturbação mental que segue a esta cena e perdura por várias horas.

Quatro páginas adiante, e cerca de trinta páginas do fim do romance, o ciúme em relação a Escobar atinge completamente o consciente de Santiago, no momento em que vê Capitu fixar por um instante o olhar no cadáver de Escobar e derramar "algumas lágrimas poucas e caladas". Os capítulos restantes relatam suas frias tentativas de fazer o leitor acreditar novamente no subconsciente, na detecção de evidências da infidelidade de Capitu em cada lágrima ou palavra, em cenas recapituladas do passado e na semelhança entre Ezequiel e Escobar; relatam, também, a vingança de Santiago.

É nesses capítulos finais, nos quais Santiago se desfaz de toda pretensão, que temos uma visão total de como seu "mal" o transformou de "Bento" em "Dom Casmurro", bem como do porquê de Santiago escrever sua estória.

6
POR QUE PUBLICAR?

Por que Santiago escreve sua estória? Machado de Assis prevê esta pergunta do leitor, pois seu autor fictício a antecipa logo de saída – na terceira página do livro, e seguintes – dando não uma razão, mas duas. Primeiro, o tempo pesa em suas costas; ele decidiu escrever um livro, qualquer livro, por exemplo, uma *História dos Subúrbios* do Rio de Janeiro. Nas duas sentenças seguintes, simplesmente nos é dito que não é essa a verdadeira razão, pois ele nos dá uma segunda razão, mais plausível: quer exorcizar alguns fantasmas. Ele os apostrofa com uma citação do *Fausto*: "Aí vindes outra vez, inquietas sombras?" Por que evocar essas sombras? Para trazer de volta sua juventude, diz ele, e, incidentemente, essa obra encorajaria seu punho para um livro mais sério.

Mas permitam-nos observar as duas últimas sentenças do romance: "A terra lhes seja leve! Vamos à *História dos Subúrbios*". Essas duas sentenças completam a razão dada inicialmente por Santiago para escrever, que pode, então, ser parafraseada como: "Vou evocar essas inquietas sombras e enterrá-las de uma vez por todas para eu poder cuidar dos meus negócios em paz". Por que as sombras estão inquietas? Santiago não explica. A lenda diz que os fantasmas de homens assassinados retornam para perseguir seus assassinos; e Machado de Assis usa essa mesma citação do *Fausto* em outra ocasião, em referência a vítimas de assassinato[1]. Santiago é um assassino? E quem eram esses fantasmas quando vivos? À medida que a narrativa progride, eles se erguem também diante do leitor. São: Bento, o bom, amável e generoso Bentinho, e todos aqueles que o circundam – sua mãe, seu tio, sua prima, José Dias. São, também, Escobar – não somente o jovem Escobar como também o Escobar maduro; Capitu, que se torna cada vez mais adorável até o dia de sua morte; Ezequiel, o Ezequiel ingênuo e cheio de afeição, o único e verdadeiro filho que sua mãe e Bento poderiam ter tido. Santiago os assassinou a todos? Parece improvável. Dois sim – duas mortes lentas, torturantes: Bentinho e Capitu. O primeiro, espiritualmente, e esta última, fisicamente. E talvez todas essas sombras tenham retornado para acusá-lo desses dois assassínios.

Santiago não explica sequer por que o ato de narrar enterraria os fantasmas. Mesmo tratando superficialmente o maquinismo do exorcismo, devemos nos colocar uma outra questão: por que Santiago escreve sua estória *para publicação*? Outros autores fictícios de Machado não se preocupam em publicar[2]. Mas Santiago se refere à publicação de sua estória e a detalhes de impressão diversas vezes[3]. Esta é uma questão que o leitor deve investigar, embora a resposta não seja difícil de encontrar.

---

1. *Gazeta de Notícias*, Rio de Janeiro, 15 de novembro de 1896 (*A Semana*, III).
2. Por exemplo, Aires (consultar os prefácios a *Esaú e Jacó* e *Memorial de Aires*) ou Brás Cubas (consultar *Memórias Póstumas de Brás Cubas*, "Ao Leitor").
3. Por exemplo, *Dom Casmurro*, caps. II, LI, LX e LXIX.

Santiago gradua-se na famosa faculdade de direito de São Paulo. Ainda menino, ele entretém Manduca defendendo os russos com vigor. Seu tio é advogado criminal e, embora seus talentos sejam diminuídos por Santiago, são muito admirados por José Dias, e talvez também por outros. Santiago exerce a advocacia. Mas é só no final de sua estória que o porquê de publicar nos atinge em cheio. Os capítulos CXXXVIII-CXL estão permeados de um ar de tribunal. Capitu está no banco dos réus. "Tinha se sentado numa cadeira ao pé da mesa. Podia estar um tanto confusa, o porte não era de acusada"; "A própria natureza jurava por si", contra ela. Santiago despeja expressões legais em profusão: "admitir", "negar", "foro", "testemunha de acusação", "confissão", "testemunha ocular", "perdão", "reparação", "justiça", "paternidade". No capítulo final (CXLVIII), o leitor percebe em sobressalto que foi convocado como jurado. A "narrativa" de Santiago não passa de uma longa defesa em causa própria. Por meio de sofrimentos infindáveis, ele estabelece seu próprio bom caráter, a dedicação de seu amor, sua gentileza, ingenuidade e probidade. Ele admite certas falhas perdoáveis, como ciúme, vaidade, inveja, suscetibilidade a encantos femininos e gula. E, sagaz advogado que é, deixa indeterminado o caráter de cada personagem do caso que possa testemunhar contra ele, suprime evidências, impõe adiamentos até que as testemunhas morram. O argumento funciona da seguinte forma: ele, Santiago, não é ciumento sem causa; ele não executou uma vingança injusta: Capitu é culpada. Caso os leitores o julguem inocente, ele estará limpo a seus próprios olhos, as inquietas sombras voltarão a suas respectivas sepulturas e ele poderá se dedicar a seus escritos sérios (a já mencionada *História dos Subúrbios* e ensaios filosóficos) com a consciência tranquila. Talvez ele até tenha algum prazer com suas prostitutas desprezíveis.

Ele fundamenta o caso na culpa de Capitu. O capítulo final é a última palavra para o júri: Capitu é dissimulada desde a semente. Pode-se quase ouvi-lo prefaciar suas palavras finais aos leitores com o conhecido *Senhores Jurados,*

[...] se te lembras bem da Capitu menina, hás de reconhecer que uma estava dentro da outra, como a fruta dentro da casca.

E bem, qualquer que seja a solução, uma cousa fica, e é a suma das sumas, ou o resto dos restos, a saber, que minha primeira amiga e o meu maior amigo, tão extremosos ambos e tão queridos também, quis o destino que acabassem juntando-se e enganando-me... A terra lhes seja leve! Vamos à *História dos Subúrbios.*

E o veredicto?

Como Santiago observa profeticamente no início do capítulo XCVIII, "Venceu a Razão", isto é, venceu o argumento legal. Praticamente três gerações – pelo menos de críticos – julgaram Capitu culpada.

Permitam-nos reabrir o caso.

7
O CASO DE CAPITU

O editor shakespeareano William J. Rolfe escreveu, a respeito de Desdêmona: "As evidências fornecidas pelo 'honesto Iago' teriam convencido a todos de sua infidelidade em um tribunal"[1]. As evidências fornecidas pelo "honesto Santiago" *têm* convencido muitos leitores, senão a maioria, acerca da infidelidade de Capitu; mas não serão essas evidências tão verdadeiras quanto a calúnia de Iago?

A primeira testemunha contra Capitu é José Dias. Através de seus lábios Santiago insinua que ela é dissimulada e ambiciosa, além de pronta a conseguir um marido rico e aristocrático – Bento Santiago ou outro qualquer. Mas José Dias repudia mais tarde seu testemunho, especificamente nos capítulos C e CXVI (e em outros momentos, menos explicitamente). Ele diz a Santia-

---

[1]. "Introduction", *Shakespeare's Othello*, ed. William J. Rolfe, New York, American Book Company, 1903, p. 16.

go: "[...] confundi os modos de criança com expressões de caráter, e não vi que essa menina travessa e já de olhos pensativos era a flor caprichosa de um fruto sadio e doce". Santiago opõe-se demonstrando que José Dias é tolo e crédulo, enganado por ela, por Bentinho e por sua própria autoimportância. Na afirmação seguinte, Santiago reverte para a figura de José Dias: ela foi sempre a mesma fruta, podre desde a semente; enganava porque era dissimulada por natureza. Se fosse assim, certamente ela teria levado uma vida excitante na Suíça. Uma vez mais, todas as indicações estão contra ele. Ela viveu em reclusão (como Lívia, de *Ressurreição*), criando seu filho, amando Santiago, escrevendo-lhe cartas de partir o coração, pedindo-lhe que visitasse seu Ezequiel que, como observa Santiago, acreditava nela[2]. Sabemos que ela era uma mulher fisicamente forte e saudável, embora tenha morrido jovem (no início dos quarenta anos), presumivelmente devido às amarguras do coração, não a uma vida de excessos. Foi Santiago que viveu essa vida. Sua alma, ele nos conta, não se fiou num canto como uma flor lívida e solitária; ele viveu o melhor que pôde – com prostitutas que o consolavam[3], bons jantares e peças de teatro.

Há uma outra objeção em aceitar a afirmação de Santiago sem inquirimentos: trata-se do próprio Machado de Assis, que, no fim das contas, *é* o criador dos personagens do livro. Como mostramos anteriormente, Machado de Assis acreditava que a base de um romance era um conflito entre naturezas contrastantes, e na crítica do *Primo Basílio* já mencionada, ele critica particularmente a heroína Luísa por cometer um adultério que

[...] nenhuma razão moral explica, nenhuma paixão, sublime ou subalterna, nenhum amor, nenhum despeito, nenhuma perversão sequer. Luísa resvala no lodo, sem vontade, sem repulsa, sem consciência; [...] Para que a

2. *Dom Casmurro*, cap. CXLV.
3. *Idem*, cap. CXLVII.

Luísa me atraia e me prenda, é preciso que as tribulações que a afligem venham dela mesma; seja uma rebelde ou uma arrependida; tenha remorsos ou imprecações; mas, por Deus! dê-me a sua pessoa moral. [...] Já nenhum [vínculo moral entre ela e nós, leitores] há, quando Luísa adoece e morre. Por quê? porque sabemos que a catástrofe é o resultado de uma circunstância fortuita, e nada mais; e consequentemente por esta razão capital: Luísa não tem remorsos; tem medo.

Santiago quer nos fazer acreditar que Capitu é outra Luísa, que comete adultério simplesmente pelo prazer de enganar e tem medo de que a circunstância casual da semelhança de Ezequiel com Escobar possa desgraçá-la e separá-la de seu marido. Mas mesmo se aceitarmos o argumento de Santiago, para nós Capitu não perde seu encanto, assim como não perde seu encanto para Santiago. Por quê? Porque não acreditamos realmente em sua culpa, ou pelo menos não da forma como explicada – assim como Santiago.

A única prova tangível da culpa de Capitu é a semelhança de Ezequiel com Escobar. Esse é o "lenço de Desdêmona", o acessório que Santiago faz dominar a ação. Quem, na estória, percebe essa semelhança? Santiago e Capitu, *possivelmente* também Sancha e *possivelmente* Escobar. Ninguém mais. José Dias, conta-nos Santiago, teria achado Ezequiel o seu retrato escrito. Santiago diz ter fantasiado que prima Justina tivesse notado e impede que ela veja o Ezequiel já adulto por não querer dar-lhe o prazer de confirmar suas suspeitas. Mas o contrário também se poderia facilmente confirmar, e ele também temia que Justina achasse Ezequiel parecido com ele, ou com sua mãe, com seu pai ou sua avó.

Foi Santiago quem primeiro detectou a semelhança, anunciando-a a Capitu da maneira tortuosa a seguir:

"[...] eu só lhe descubro um defeitozinho, gosta de imitar os outros."
"Imitar como?"

"Imitar os gestos, os modos, as atitudes; imita prima Justina, imita José Dias; já lhe achei até um jeito dos pés de Escobar e dos olhos..."

Capitu deixou-se estar pensando e olhando para mim, e disse afinal que era preciso emendá-lo. Agora reparava que realmente era vezo do filho, mas parecia-lhe que era só imitar por imitar, como sucede a muitas pessoas grandes, que tomam as maneiras dos outros [...]

"[...] Você também não era assim, quando se zangava com alguém?"

"Quando me zangava, concordo; vingança de menino"[4].

À luz das últimas cargas e insinuações de Santiago, o trecho "Capitu deixou-se estar pensando e olhando para mim" assemelha-se a uma confissão de culpa; mas consideremos o que se passa antes disso – o preenchimento de capítulo após capítulo com os humores ciumentos de Santiago, que até ele admite irracionais. Não pode ser que Capitu – observando o modo dissimulado com que ele argumenta até o ponto onde quer chegar e, então, interrompe, além de algo, talvez, em seu gestual – pensasse: Como? Ele vai ter mais um de seus acessos loucos de ciúme de novo?

E observemos a admissão de Santiago: sim, ele também imitava as pessoas quando criança, e era vingativo.

A alusão seguinte à semelhança dá-se no capítulo "Filho do Homem", no qual Santiago dá a entender a José Dias que sua mãe tem alguma razão para não visitar Capitu e reflete mentalmente que ela tem sido fria nas últimas visitas a Dona Glória – do que, naturalmente, o leitor infere que Dona Glória também notou algo.

Nesta pequena cena dramática, como naquela descrita mais acima e como em quase todas as do livro, Santiago dá-nos o diálogo de todos os atores, com as atitudes e gestos de todos exceto um, a saber, ele próprio. O leitor, com a ajuda das revelações,

4. *Idem*, cap. CXII.

ou dissimulações, de Santiago, bem como de seus sentimentos, deve deduzir *seus* gestos, atitude, tom de voz e interesse.

Poucos instantes após Santiago tentar sondar José Dias com sua insinuação acerca da frieza de Dona Glória em relação a Capitu (e sem chegar a lugar nenhum), José Dias volta sua atenção a Ezequiel e, jocosamente, chama-lhe seu profetazinho, "filho do homem", "ao modo bíblico". Santiago relata, minuciosa e dramaticamente, a irritação com que Capitu faz José Dias calar-se; mas todo olhar, palavra ou gesto de sua parte é omitido. O leitor, contudo, reconhece esta interação como uma insinuação direta de que Ezequiel é um bastardo: filho não de Santiago, que é de linhagem divina, mas de Escobar que, por nome e descrição, ele estabeleceu como "filho do homem". Embora Santiago omita sua própria reação, interior ou exterior, naquele instante, ele já predispôs o leitor a perceber seus sentimentos: José Dias estava certo – Ezequiel não é filho de Deus, pois não se assemelha a Bento, o filho de Deus com a Virgem Maria, mas de Escobar, que é homem e filho do homem. É razoável supor que alguns destes sentimentos se tenham feito manifestos em sua face ou gestual, e que Capitu os notara. A esta altura, ela está, indubitavelmente, ficando cada vez mais alarmada com o aumento da frequência e soturnidade dos humores de Santiago: ela vira-se para José Dias e descarrega seu desespero e frustração na forma de irritação, porque ele acaba complicando seu problema com sua tagarelice imbecil, pois causa mau ânimo em Santiago com sua exibição vã e gárrula de conhecimento de Ezequiel e afeição por ele. Da mesma forma, ela reprime Ezequiel poucos segundos depois de sua indisposição com José Dias, com severidade exemplar. O efeito da resistência de Capitu, muito ironicamente, serve apenas para piorar e confirmar o "humour" de Santiago e daná-la aos olhos do leitor.

A frieza de Dona Glória em relação a Capitu e Ezequiel é novamente abordada e, desta vez, a suspeita é dirigida diretamente a Capitu, no capítulo CXV, "Dúvidas sobre Dúvidas". O fato de Capitu não negá-la não significa que tenha aquiescido. Capitu quase nunca se opõe ou argumenta contra Santiago. Há somente duas ocasiões em que ela impõe alguma resistência real e, isso, ainda no início de seu romance, quando o chama de mentiroso por dizer que ama mais a ela do que a sua mãe, e, também, quando nega veementemente conhecer o dândi. Depois do casamento, ela protesta, mas ligeiramente, contra a ideia de usar mangas compridas nos bailes. No restante do tempo, ela se submete às vontades de Santiago, independente de quão irracionais elas sejam. Mesmo próximo do final, quando ele faz a acusação de que Escobar é pai de Ezequiel, ela não o nega. Mas esta atitude de Capitu tem uma boa motivação. Como Santiago bem observa, ela nos é apresentada como uma mente livre e desimpedida, uma moça agressiva e espirituosa – o que realmente é –, mas ela é também uma mulher criada na tradição portuguesa, o que inclui fortes elementos orientais, provenientes dos mouros[5]. Por exemplo, o desejo de aprender latim de Capitu é considerado improcedente e escarnecido pelo padre Cabral. A própria Capitu se curva aos ditames de modéstia, aparecendo na casa de Santiago para parabenizar o "Protonotário". Após a primeira explosão de ciúme de Santiago, provocada pelo dândi, ela própria sugere enclausurar-se, como se num harém, sem se permitir sequer olhar pela janela. Mais tarde, ela faz exatamente isso, para aplacar o ciúme de Santiago. Como uma boa esposa luso-brasileira, ela nunca "contraria" Santiago.

---

5. D. P. Kidder e J. C. Fletcher, *Brazil and the Brazilians*, Philadelphia, Childs & Peterson, 1857, p. 166; Gilberto Freyre, *Casa-Grande e Senzala*, 4. ed., Rio de Janeiro, José Olympio, 1943, vol. 1, pp. 364-366; Charles Expilly, *Mulheres e Costumes do Brasil*, trad. Gastão Penalva, São Paulo, Companhia Editora Nacional, 1935, pp. 400-405.

Mas a verdadeira motivação de todos os atos de Capitu é o seu amor, seu ilimitado amor por Santiago, e o orgulho que tem desse amor. É o seu amor que fortalece sua união conjugal. Ela economiza dez libras esterlinas para mostrar a Bento a boa esposa que é. Apesar de ser vaidosa, apreciar joias e boas roupas, ela queria provar que ele "era a única renda e o único enfeite que jamais poria em si...". Quando Santiago mente que seus negócios vão mal, sua resposta é imediata: vender suas joias, desfazerem-se de sua dispendiosa casa. Poderiam viver num beco até as coisas melhorarem. Tudo ficaria bem.

Seu amor engendra paciência, o que representa sua ruína na visão do empedernido e ciumento Santiago e aos olhos dos leitores – sua paciência contra o crescente ciúme dele, ciúme esse que ela compreende apenas vagamente e que, de início, subestima. Ela continua totalmente simpática a ele porque também conheceu o ciúme – o ciúme de Dona Glória, nos primeiros capítulos, bem como aquele relativo a Sancha, o mostram, assim como testemunha seu comentário na ocasião em que Santiago lhe diz que ele e Escobar concordam que suas esposas usem mangas compridas nos bailes: "os braços de Sanchinha são malfeitos". Pois essa observação não indicaria sua mágoa por Bento não confiar em seu amor, uma mágoa cheia de vaidade ferida por ser comparada por ele em alguma medida a Sancha? Que a observação não é absolutamente verdadeira e que o ciúme de Capitu tem algum fundamento, é descoberto treze capítulos adiante ("A Mão de Sancha"), quando Santiago admite um interesse sexual de longa data em Sancha, e, além disso, admite, quando Escobar pede-lhe para sentir seus músculos: "Apalpei-lhe os braços, como se fossem os de Sancha". Mas o ressentimento de Capitu, como sempre, tem vida curta e, como de costume, acede à demanda irracional de Santiago com a gentil paciência habitual. E como Santiago retribui essa paciência gentil que ele descreve capítulo após capítulo? Ele a rotula como "a fina arte de Capitu"[6]. Do mesmo modo, Otelo, incitado por Iago, chama Desdêmona "rameira astuta de Veneza".

Como no caso de Desdêmona, o amor de Capitu, devido a seu autoabandono, cede lugar ao desespero. Uma vez que não conhece a causa dos humores de Santiago, ela tenta combatê-los por meio do amor, para resgatá-lo de volta ao romance antigo. Ao ser afrontada com a brutal acusação final de adultério, fica desamparada: de que poderia adiantar uma negativa? Com dignidade melancólica – orgulho e desespero – ela curva-se ao destino: "A vontade de Deus explicará tudo".

É o seu orgulho, sua qualidade *augusta-capitolina* que a faz rejeitar a única maneira possível de salvar seu casamento: apelar à sogra. Santiago não deixa isso claro em muitas palavras, mas, nesse ponto, faz uma de suas afirmações sem explicação: após repetir que a vontade de Deus explicará tudo, ela vai à igreja e ele espera seu retorno. "Este foi mais demorado que de costume; cheguei a pensar que ela houvesse ido à casa de minha mãe, mas não foi". Por que ele teme que Capitu tenha ido a sua mãe? Ele não dá explicações. Esta é uma das "lacunas" que Santiago menciona em um dos primeiros capítulos, ao prevenir os leitores em relação a lapsos no livro, causados por sua "memória fraca".

E antes seja olvido que confusão [...] Nada se emenda bem nos livros confusos, mas tudo se pode meter nos livros omissos. Eu, quando leio algum desta outra casta, não me aflijo nunca. O que faço, em chegando ao fim, é cerrar os olhos e evocar todas as cousas que não achei nele. Quantas ideias

---

6. Mesmo o episódio do barbeiro (cap. CXXVII) não implica dizer que é Santiago quem está praticando uma arte; a ação do barbeiro simbolizaria a fabricação, da parte de Santiago, do mal que ele atribui a Capitu? ("Quanto ao marido, tocava agora com mais calor; sem ver a mulher, sem ver fregueses, grudava a face ao instrumento, passava a alma ao arco, e tocava, tocava... // Divina arte!")

finas me acodem então! Que de reflexões profundas! Os rios, as montanhas, as igrejas que não vi nas folhas lidas, todos me aparecem agora com as suas águas, as suas árvores, os seus altares, e os generais sacam das espadas que tinham ficado na bainha, e os clarins soltam as notas que dormiam no metal, e tudo marcha com uma alma imprevista.

É que tudo se acha fora de um livro falho, leitor amigo. Assim preencho as lacunas alheias; assim podes também preencher as minhas[7].

Como devemos preencher a lacuna de Santiago? Se Capitu tivesse levado à sogra a acusação de Santiago, Dona Glória declararia a acusação ridícula (e talvez também a semelhança de Ezequiel com Escobar) e, valendo-se de sua antiga autoridade, teria colocado seu "submisso" filho de volta no caminho da razão. Será por isso que Santiago teme que Capitu vá à casa de sua mãe? E com a carta branca que Santiago nos dá, podemos fechar nossos olhos e inferir nos mínimos detalhes: Dona Glória se encontrava convencida, como José Dias, de que Ezequiel se parecia com Bento; Santiago já tinha começado a andar com outras mulheres e prima Justina tinha conhecimento disso; e assim por diante, *ad infinitum*. E Capitu? Por que ela rejeita apelar a Dona Glória? Porque tem orgulho, porque sua única arma é seu amor – ela enfrenta qualquer rejeição com amor –, e devido ao desespero, pois seu amor não surte mais nenhum efeito no coração endurecido de Santiago: se Bento não acreditasse nela e, mesmo assim, a amasse, ela não o indisporia com sua mãe; de qualquer forma, de nada adiantaria. Ela segue em frente amando Bento, que está morto, e chora pelo homem desventurado que o matou[8]. Provavelmente, há ainda um pequeno elemento de falsa altivez na rejeição de Capitu à intervenção de Dona Glória, devido a um resíduo do antigo sentimento de ciú-

---

7. *Dom Casmurro*, cap. LIX.
8. Cf. a atitude de Lívia (*Ressurreição*).

me em relação a ela; mas há igualmente um quê de piedade, uma piedade de mãe pela mãe que cometeu um erro. Há também o amor de Capitu por seu único filho, Ezequiel.

Nas palavras de Santiago, devemos "reconstruir" a faísca incandescente de seu ciúme, devemos "reconstruir" a ressaca do amor de Capitu. E, então, o clarim da verdade soltará as notas que dormiam no metal e tudo marchará com uma alma imprevista. Isto é, Capitu não é um "títere" como a Luísa de Eça: é animada por seu amor, por seu orgulho, ciúme e desespero – por mais que Santiago faça pouco desse amor –, e dele resultam suas ações, sejam elas quais forem.

Mas este é apenas um dos modos de preencher a lacuna de Santiago. Permitam-nos retomar sua fria acusação judicial de que Ezequiel se assemelha a Escobar. Como vimos, é Santiago quem descobre a semelhança. Capitu passa a acreditar nela, mesmo se com reverência supersticiosa: a semelhança fortuita é explicada pela "vontade de Deus". Talvez ela queira, com isso, dizer que ela, assim como Santiago, está sendo punida por sua parte na quebra do juramento de Dona Glória. Da mesma forma, em *Otelo*, é Otelo quem "perde" o lenço, faz com que Desdêmona o deixe cair no chão, de modo que é encontrado por Emília e usado por Iago. Mais: Desdêmona acredita na mentira de Otelo sobre a origem e as propriedades místicas do lenço; fica convencida de que foi ela quem perdeu o lenço, embora, na verdade, tenham sido Otelo e o amor de Desdêmona pelo mouro os responsáveis.

Há dois outros personagens que parecem ter notado a semelhança. No capítulo, "Amigos Próximos" (CXVII), Santiago nos diz que os pequeninos Ezequiel e Capituzinha passam o dia juntos e comenta, na presença de Capitu, Sancha e Escobar, que *eles* poderiam se apaixonar um pelo outro, como ele e sua companheira de infância, Capitu.

O OTELO BRASILEIRO DE MACHADO DE ASSIS

[...] Sancha acrescentou que até já se iam parecendo. Eu expliquei:
"Não; é porque Ezequiel imita os gestos dos outros."
Escobar concordou comigo, e insinuou que alguma vez as crianças que se frequentam muito acabam parecendo-se umas com as outras.

Disto, nós, leitores, devemos inferir: Ezequiel se parece com Capituzinha; os filhos se parecem com seus pais, logo, se Capituzinha se parece com Escobar; Ezequiel também se parece com Escobar; Escobar e Sancha o admitem. Mas será que realmente o admitem? Tudo o que Sancha e Escobar dizem é que Ezequiel se parece com Capituzinha – que, por tudo o que sabemos, pode muito bem se parecer com Santiago, pois não há descrição de sua aparência. (Ora, uma vez que a mãe de Sancha se parece com Capitu, porque sua neta não poderia se parecer com o filho de Capitu?)

Quanto a Sancha, que é quem nota a semelhança entre as crianças, não poderia ela ser motivada por um ciúme similar ao de Santiago? Quando mais jovem, ela se sentiu atraída por ele, e reciprocamente. Recordemos, na cena "Depois da Missa" (cap. LXX), como ela causa grande comoção ao pedir ao pai que peça notícias de Dona Glória; e como Santiago observa que ela "não era feia", tinha um nariz malfeito, como o do pai, e vestia simples, e que aquele é um dia de agradáveis *surpresas* (plural), embora a única outra surpresa naquele dia seja a visita de Escobar. Quarenta e oito capítulos adiante ("A Mão de Sancha"), encontramos Sancha e Santiago (segundo este nos conta) trocando olhares e apertando reciprocamente as mãos. E ele admite ter, um dia, pensado nela "como se pensa na bela desconhecida que passa", e suspeita que ela percebe e até mesmo corresponde aos seus sentimentos. Mesmo sem sentir essa atração por Santiago, Sancha tem razão em invejar a bela e capaz Capitu a quem Escobar, tanto quanto Santiago, admira. E,

III

se há boatos de um caso entre Escobar e uma atriz, como relata Santiago, ela tem razões para desconfiar do marido.

A observação de Escobar sobre a criança, creio eu, tem mais causa lógica que psicológica. Que Escobar amasse Capitu não é inconcebível: o simbolismo que envolve seu afogamento pode até corroborar as intenções de Machado nesse ponto. E como poderia ele deixar de amar Capitu? Todos os outros personagens do livro se rendem a seus encantos. Todos nós amamos Capitu. Sancha é levemente mais significativa, ou, na alusão de Santiago, mais admirável que a Bianca de Cássio. Mas que Escobar expresse seu amor a Capitu ou que esta o ame, eu não creio mais do que Desdêmona ame Cássio – exceto pelo fato de que o amor de Capitu, como o de Julieta, "é como o mar – sem fim", abarca todos os que amam Bento e que são amados por ele. Ela tem provavelmente um particular sentimento de simpatia e gratidão para com Escobar (assim como Desdêmona é grata a Cássio), por ter sido o portador entre ela e Bento e ter encorajado esse amor. E Escobar guarda a atitude protetora de um irmão mais velho em relação a Capitu, a quem ele chama sua "cunhadinha". No início do enredo, quando enfrenta o problema de combater a influência de Dona Glória sobre Bento, Capitu repassa mentalmente as pessoas que poderiam ajudá-la e volve a José Dias, por ser o mais capaz para a tarefa, e o mais dedicado a Bento. Então, quando precisa enfrentar o problema de combater a influência de Casmurro sobre Bento – isto é, seus humores estranhos e suas suspeitas – é natural, talvez até inevitável, que ela se volte para Escobar, igualmente capaz e dedicado a Bento.

Desdêmona, em seu infortúnio e confusão, apela a Iago: "Ó bondoso Iago,/ como devo fazer para que possa/ reaver o meu marido? Ide falar-lhe,/ meu caro, pois, por esta luz celeste,/ não sei como o perdi"; mas, se Cássio fosse um homem forte, e não um fraco, quem sabe ela não teria recorrido a ele? Capitu, ela mesma, como prova a cena da acusação, não entende inteiramente a base dos ânimos ciumentos de Santiago: como ela poderia explicá-los, digamos, a José Dias ou a Dona Glória, ou sequer convencê-los da existência de um problema realmente sério? Mas Escobar é um homem do mundo; ele conhece e entende Bento provavelmente como mais ninguém; seu poder de observação e raciocínio, sua ideia fixa – "2 + 2 = 4" – estão indiscutivelmente estabelecidos, bem como seu dom de fazer as pessoas verem as coisas a sua maneira. Além do que, é um "irmão mais velho" afetuoso com Capitu e Bento. Do meu ponto de vista, acredito que Capitu confidenciou seu problema a Escobar, e este reconheceu a gravidade da questão e tentou ajudá-la. Isto explicaria Capitu confiar-lhe o segredo das dez libras esterlinas e Escobar aparecer na casa de Santiago quando este se encontrava no teatro, bem como Escobar ficar pensativo durante a conversa com Santiago em ambas as ocasiões. É preciso notar ainda que estes dois incidentes são imediatamente precedidos (na narrativa) por acessos de ciúme de Santiago – ciúme de coisa nenhuma, como ele mesmo admite. Isto explicaria as rememorações posteriores de Santiago dos momentos em que encontrou Capitu e Escobar conversando a sós e o constrangimento dos dois nessas ocasiões. Explicaria a tristeza de Capitu ao fitar o defunto de Escobar – se é que isso precisa ser explicado – e seu rompimento em lágrimas quando sua carta póstuma a Bento é lida: ela havia perdido não apenas um amigo, mas sua *tábua de salvação** – sua única esperança de sobreviver ao naufrágio. Escobar tinha "braços fortes", "bons pulmões", podia nadar no mar do amor.

---

* Em português no original (N. do T.).

Repetindo: as habilidades de Escobar para observar e deduzir eram extraordinárias e, se sua atenção recaísse sobre os "humores" de Santiago para com Capitu, as insinuações casuais de Santiago não ficariam de graça, nem o interesse de Santiago por Sancha, ou o contrário, nesse caso. Portanto, quando Sancha observa com quem a criança se parece e Santiago acrescenta que é porque Ezequiel imita outras pessoas, Escobar teria reconhecido o que ambos tramavam – mesmo se os dois não tivessem consciência de suas próprias intenções. Eis o porquê de sua observação conciliatória e talvez banal de que crianças que convivem muito proximamente começam a se parecer: é para arejar o ambiente, trazer a conversa para uma base sã e de senso comum – em suma, para socorrer Capitu.

Em última análise, Santiago é a principal testemunha da "semelhança" – e, como escreveu José Veríssimo, seu testemunho é "suspeito" devido a seu amor e ódio[9]. Sancha aparentemente a percebe, mas isso pode dever-se a uma sugestão de Santiago. Não há evidências de que alguém mais tenha notado a semelhança, nem mesmo Justina, com seus olhos de águia; e há indicações definitivas de que Dona Glória[10] e José Dias *não* a percebem[11].

Mas vamos admitir a semelhança. No que ela consiste? Santiago nos faz acreditar que Ezequiel é o Escobar escrito, dos pés à cabeça, por dentro e por fora, de corpo e alma. Sua voz é a mesma, assim como suas maneiras à mesa, sua tagarelice, seu jeito para matemática, sua memória, sua facilidade para negócios, suas tendências sádicas (ele, como Escobar, gostava de matar ratos). A única diferença concedida por Santiago é que Ezequiel, crescido, é mais baixo que Escobar e não possui uma estrutura robusta.

9. José Veríssimo, *Estudos de Literatura Brasileira: Terceira Série*, Rio, Garnier, 1903, p. 44.
10. *Dom Casmurro*, caps. CXV-CXVI.
11. *Idem*, caps. CXVI e CXLV.

(Devemos ter em mente que Santiago é mais baixo até que Capitu e que não é atlético nem musculoso.) Deixando de lado os pensamentos e observações que Santiago confia ao leitor, qual é o testemunho de viva voz dos personagens de Machado de Assis a esse respeito? Temos as palavras de Bento a Capitu: Ezequiel tem a mesma maneira de mover os pés e mexer os olhos que Escobar porque ele o imita (e Santiago demonstra decisivamente que Ezequiel é um mímico). Temos as palavras de Capitu, que chamam a atenção de Bento para a expressão esquisita dos olhos de Ezequiel – uma expressão como a de Escobar e de um amigo de Pádua. E é tudo! Em outras palavras, a semelhança se reduz a uma maneira de mover os pés e de mexer os olhos – ambas as quais podem muito bem ser adquiridas por meio da imitação inicialmente sugerida por Santiago. Nós, que temos acesso aos sentimentos mais íntimos de Santiago, sabemos que essa "imitação" é tão intragável para ele devido a uma semelhança real, física – pois a imitação é uma forma sincera de bajulação e pode significar que Ezequiel desejasse ser como Escobar. (Santiago não afirma em momento algum que Ezequiel o imita.) Observemos que Santiago nunca menciona a afeição de Ezequiel por Capitu, por exemplo, sem acrescentar um "mas ele me queria ainda mais a mim"[12]. Quando Ezequiel retorna ao Rio de Janeiro, o embrutecido Casmurro é tocado pelo amor e confiança efusivos do jovem. E Santiago, em frequentes momentos de confidência, confessa sua "vaidade".

Mas, por uma questão de prover argumentos, permitam-nos considerar uma semelhança genuína. É o nosso astuto advogado Santiago, ele próprio, que traz à baila a única objeção que se pode fazer – por coincidência – e a põe por terra; não através de lógica e evidência, mas com sarcasmo e *casmurrice*. Gurgel, o pai de Sancha, chama a atenção do jovem Santiago

12. *Idem*, cap. CXXXI.

para a semelhança de Capitu com o retrato de sua esposa morta. Pessoas que conheceram sua mulher

[...] diziam sempre a mesma cousa. Também achava que as feições eram semelhantes, a testa principalmente, e os olhos. Quanto ao gênio, era um [...] "[...] Na vida [diz Gurgel] há dessas semelhanças assim esquisitas"[13].

A algumas dezenas de páginas do fim do livro, Santiago nos lembra do enunciado oracular de Gurgel:

No intervalo, evocara as palavras do finado Gurgel, quando me mostrou em casa dele o retrato da mulher, parecido com Capitu. Hás de lembrar-te delas; se não, relê o capítulo, cujo número não ponho aqui, por não me lembrar já qual seja, mas não fica longe. Reduzem-se a dizer que há tais semelhanças inexplicáveis...[14]

E ele continua com suas suspeitas e insinuações. Apesar de admitir a semelhança de Capitu com o retrato, ele rejeita com desdém a máxima oracular de que há semelhanças acidentais, e, sarcasticamente, nos diz, a nós – ao júri – para voltar e ler o testemunho de Gurgel se pretendemos considerar tais bobagens supersticiosas. Eis a implicação de suas palavras. E nós, o júri, somos inibidos pelo sarcasmo, pois ele desacredita Gurgel diante de nossos olhos, pintando-o como loquaz, de homem de classe inferior e vulgar, de nariz malfeito, barrigudo, ridiculamente embevecido de sua filha, ou seja, alguém cuja opinião nenhuma pessoa sensata e refinada pode dar ouvidos. Por outro lado, Santiago nos condiciona a aceitar a superstição contrária, a saber, que os filhos sempre se parecem com seus pais. Essa crença é incutida na cabeça do leitor no capítulo "O Filho é a Cara do

13. *Idem*, cap. LXXXIII.
14. *Idem*, cap. CXL.

Pai", em que Dona Glória convence seu irmão a admitir que seu filho se parece com o falecido pai (assim como Gurgel convence Santiago a concordar que Capitu se parece com o retrato de sua esposa), pois o *boa vida** Cosme não discorda de nada do que Glória diz: "Sim, tem alguma cousa, os olhos, a disposição do rosto".

Santiago se parece com o pai? Temos apenas a palavra de Dona Glória. Santiago nos diz que seu pai era alto, de cabelos cacheados, ar confiante, maneiras francas e algo cavalheirescas[15]. Santiago, ao contrário, nos parece mais baixo[16], cabelos relativamente lisos[17], maneiras reprimidas[18], e sua narrativa é a estória de suas "dúvidas". O leitor talvez se recorde adiante dessas discrepâncias, pois este capítulo prenuncia um outro, no qual Capitu aponta a semelhança entre Ezequiel e o falecido Escobar. Mesmo nas palavras da última cena ecoam aquelas da primeira:

"Mano Cosme, é a cara do pai, não é?"
"Sim, tem alguma cousa, os olhos [...]"
"[...] Mas veja bem, mano Cosme, veja se não é a figura do meu defunto. Olha, Bentinho, olha bem para mim" [...][19]

"Você já reparou que Ezequiel tem nos olhos uma expressão esquisita? perguntou-me Capitu. Só vi duas pessoas assim, um amigo de papai e o defunto Escobar. Olha, Ezequiel; olha firme, assim, vira para o lado do papai" [...][20]

Como pretende Santiago, a inferência não se perde no júri.

---

*   Em português no original (N. do T.).
15. *Idem*, caps. V, VII e XXXI.
16. *Idem*, cap. XXXIII.
17. *Idem*, cap. LII.
18. *Idem*, caps. XXV, XXXIV e *passim*.
19. *Idem*, cap. XCIX.
20. *Idem*, cap. CXXXI.

Pode ser proveitoso, entretanto, considerar a opinião de Machado de Assis a respeito. No romance *Esaú e Jacó*, vemos uma jovem heroína que, além de não se parecer com a mãe ou o pai, se encontra em total conflito com eles, de corpo e alma. Ao apresentá-la ao leitor, o narrador do romance – que, todavia, apresenta muito mais semelhança com seu criador do que Santiago – faz esta explanação:

[...] Nem sempre os filhos reproduzem os pais. Camões afirmou que de certo pai só se podia esperar tal filho, e a ciência confirma esta regra poética. Pela minha parte creio na ciência como na poesia, mas há exceções, amigo. Sucede, às vezes, que a natureza faz outra cousa, e nem por isso as plantas deixam de crescer e as estrelas de luzir. O que se deve crer sem erro é que Deus é Deus [...][21]

Em *Dom Casmurro*, Gurgel profere o dito: "Na vida há dessas semelhanças assim esquisitas". E Gurgel é uma criação de Machado tanto quanto Santiago. Temos mais razões para acreditar em sua opinião, pois ele não tem motivos outros para exprimir essa observação, nem foi cegado pela paixão, como é o caso de Santiago.

Não; nós, do júri, caímos na lábia de um advogado persuasivo. Fizemos pior: demos rédeas às nossas naturezas desconfiadas, pois todos carregamos conosco algo de "casmurro". No romance *Quincas Borba*, Machado de Assis (que é o próprio narrador), depois de enumerar uma série de evidências circunstanciais sugerindo um *affair* entre a heroína e *outro*, o que leva o ciúme do protagonista, Rubião, a um frenesi, repreende o leitor com as seguintes palavras:

[A questão é que] o leitor, desorientado, não pode combinar as tristezas de Sofia com a anedota do cocheiro. E pergunta confuso: – Então a

21. *Esaú e Jacó*, cap. XXIX.

entrevista da Rua da Harmonia, Sofia, Carlos Maria, esse chocalho de rimas sonoras e delinquentes é tudo calúnia? Calúnia do leitor e do Rubião, não do pobre cocheiro, que não proferiu nomes, não chegou sequer a contar uma anedota verdadeira. É o que terias visto, se lesses com pausa. Sim, desgraçado, adverte bem que era inverossímil que um homem, indo a uma aventura daquelas, fizesse parar o tílburi diante da casa pactuada. Seria pôr uma testemunha ao crime. Há entre o céu e a terra muito mais ruas do que sonha a tua filosofia, – ruas transversais, onde o tílburi podia ficar esperando[22].

Nós também, desorientados leitores de *Dom Casmurro*, permitimos às nossas próprias naturezas desconfiadas aumentar e confirmar as suspeitas de Santiago. O fato – se é que seja um fato – de Ezequiel se parecer em algo com Escobar não significa necessariamente concluir que aquele é filho deste.

Gurgel não é o único oráculo mofado por Santiago. Há um outro, mais solene, que declara a verdadeira origem de Ezequiel, que é nada menos que a Sagrada Escritura: "Tu eras perfeito em teus caminhos, desde o dia da tua criação" – sobre a qual Santiago lança descrença cética com sua pergunta: "Quando seria o dia da criação de Ezequiel?" Mas, se dermos mais atenção à reprimenda de Machado, aceitaremos a citação bíblica solenemente. Nesse caso, temos que Ezequiel é o filho legítimo de Santiago, sendo este infiel e ciumento, e Capitu, inocente[23]. Significa ainda que Escobar foi "perfeito em seus caminhos", pois também se chamava Ezequiel e foi Machado de Assis quem lhe conferiu esse nome.

Isto basta para as instigações que Santiago manipula para seus propósitos. Se nos desfizermos do testemunho de semelhança, o que resta no caso contra Capitu? Se nos desfizermos do

---

22. *Quincas Borba*, cap. CVI. Cf. *Dom Casmurro*, cap. LI: "a malícia está antes na tua cabeça perversa que na daquele casal de adolescentes".
23. Como Leontes em *Conto de Inverno*.

lenço de Desdêmona, escreveu Machado, surgirá a calúnia de Iago, a alma ciumenta de Otelo, a inocência de Desdêmona – são estes os elementos da tragédia.

Embora Santiago afirme que Capitu nasceu para enganar, o fato permanece: *se* ela enganou seu marido com Escobar, foi Casmurro quem foi enganado, não Bento. Santiago chama-nos a atenção para este fato no último capítulo: "Jesus, filho de Sirach, se soubesse dos meus primeiros ciúmes, dir-me-ia, como no seu cap. IX, vers. 1: 'Não tenhas ciúmes de tua mulher para que ela não se meta a enganar-te com a malícia que aprender de ti'". Assim, ele dissolve essa possibilidade em nossas mentes tão peremptoriamente como dissolveu os dois oráculos: "Mas eu creio que não, e tu concordarás comigo". Será mesmo verdade? O ciúme de Santiago surge muito cedo, com toda sua força e horripilância, devorando pacientemente o Bento nele: surge antes mesmo de Capitu ter notícia da existência de Escobar, ou ele dela. Antes ainda: quando o "casmurro" em Santiago dá ouvidos às insinuações de José Dias de que os olhos de Capitu eram oblíquos e dissimulados, ele vai até Capitu e mira seus olhos: "nada achei de extraordinário; a cor e a doçura eram minhas conhecidas". Nessas cenas iniciais, Santiago nos permite ver Capitu como Bento a vê: na idade de Julieta, bela, inteligente, espirituosa, apaixonada e afetuosa, com um amor – como Julieta – profundo e infinito como o mar. E Bento corresponde a seu amor, embora *seu* amor não seja tão grande como o dela. Seus sonhos não eram tão belos como os dela[24]. Ele é capaz de comer doces no meio de uma ameaça de separação eterna, pois é legítimo sobrinho de tio Cosme, e é-nos impossível imaginá-lo perdendo uma refeição seja por que motivo for. Além disso, ele é momentanea-

---

24. *Dom Casmurro*, cap. XII.

mente varrido de si mesmo pela ressaca dos olhos dela: mas não sem luta – ele é resgatado por seu ego e pelo escravo que vai resgatá-lo a mando de sua mãe.

Não, diz Casmurro, a alma de Capitu não é amorosa, mas enganadora; a dissimulação jorra naturalmente nela. E, aqui, ele faz eco a Iago: ela enganou seu pai, sua mãe, e também a minha e toda a minha família. De fato, quando Capitu se vê sob a ameaça de que Dona Glória separe Bento de si, tornando-o padre, ela dá vazão a uma ira repleta de frustração e ciúme. Concebe um plano para arrancá-lo da mãe, mandando-o para a Europa, e deixando a mãe "na praia, à espera". E mais uma vez a figura do mar representa seu amor.

Ela persuade Bento a se unirem em uma trama que requer paciência e esforço contínuo, para desbancar Dona Glória. É preciso *persuadir* Santiago por duas razões. Sendo, como vimos, legítimo sobrinho de Tio Cosme, tudo o que envolva esforço não é do seu estilo. O desejo é o escape de Santiago para todas as dificuldades, que reza para um Deus indulgente que providenciou seu nascimento como um milagre e que naturalmente deve tomar conta de tudo o que lhe diga respeito. Em segundo lugar, seu amor por Capitu não é suficiente para fazê-lo libertar-se por vontade própria (pois não foi preciso mais que um único dia para que dissesse a sua mãe, com sua língua precipitada: "Eu só gosto de mamãe"): ele tem a alma dividida, com uma grande parte desejando ser padre, permanecendo leal à "Santíssima" Dona Glória.

Não é somente à "trama" da Capitu jovem que Santiago atribui a um dom inato para a dissimulação, mas também à desenvoltura com que ela disfarça o primeiro e o segundo beijo.

[...] Capitu não se dominava só em presença da mãe; o pai não lhe meteu mais medo. No meio de uma situação que me atava a língua, usava da palavra com a maior ingenuidade deste mundo. Alegou susto, e deu à cara um ar meio enfiado; mas eu, que sabia tudo, vi que era mentira e fiquei com inveja[25].

Santiago a inveja, mas mostra definitivamente que não é sua capacidade de *dissimular* que inveja, mas algo muito diverso. Santiago, mesmo quando jovem, possui dons muito bem definidos nesse sentido. A chave para a inveja de Santiago se encontra na atitude em que o leitor primeiro o vê – escondido atrás da porta. Esse primeiro olhar sobre ele antecipa um capítulo bastante longínquo, "Uma Comparação", no qual o vemos na mesma atitude; porém, aqui, a atitude é explicada. Nesse capítulo, Santiago compara seus sofrimentos ao de Príamo, e conclui que não há Homero no seu dia porque

[...] os Príamos procuram a sombra e o silêncio. As lágrimas, se as têm, são enxugadas atrás da porta, para que as caras apareçam limpas e serenas; os discursos são antes de alegria que de melancolia, e tudo passa como se Aquiles não matasse Heitor.

Em outras palavras, o Santiago jovem reprimiu seus sentimentos – especialmente sua raiva – como o Santiago mais velho reprime seus sentimentos de ciúme e raiva. O Santiago jovem ama sua "santa" e bela mãe, mas também a odeia por sacrificá-lo a Deus e tem, sem dúvida, ciúme de sua devoção, de seus cuidados com o falecido esposo, com José Dias, Justina e outros. Porém, somente em uma ocasião esse ódio se manifesta em uma emoção indistinta. Quando Capitu toma ciência da decisão de Dona Glória de mandá-lo para o seminário, sua raiva explode natural e diretamente sobre Dona Glória. O ódio vingativo de Bento, ao contrário, é direcionado contra José Dias, que não é a causa, mas a ocasião,

25. *Idem*, cap. XXXVIII.

da separação iminente. Seis capítulos depois, ("De Mãe e de Servo"), tomamos conhecimento que Santiago identifica José Dias com sua mãe: descarregando seu ódio contra José Dias ele o torna um bode expiatório dela.

Ao beijar Capitu pela primeira vez, Santiago encontra-se tomado por sentimento de culpa – culpa por trair sua mãe e Deus – o que o torna terrivelmente ansioso diante da mãe e do pai dela como se fossem *sua* mãe e seu pai. Mesmo adulto, ele não deseja José Dias como portador de suas cartas a Capitu, "por um resto de respeito de criança".

Envolvido pelas ondas do amor de Capitu, Santiago bane seus sentimentos de culpa identificando-a com Deus e com sua mãe. Capitu torna-se um "altar"[26], "o anjo das Escrituras"[27]. Ele sonha viver com ela numa casa igual à da mãe[28], descobre nela os mesmos traços de caráter de sua mãe[29] e, casado, vai morar na Glória. Nessa transferência, ele é assistido tanto por sua mãe[30] quanto por Capitu[31], que se identificam uma com a outra: Capitu torna-se "a flor" da casa de Dona Glória e o seu nome "era entre ambas como a senha da vida futura".

Mas não importa se Santiago transfere seu amor, pois ele também transfere seu ódio. Como Prima Justina, ele suspeita do amor desinteressado de todos por ele – não apenas o de sua mãe, mas também o de José Dias, Escobar, Pádua e todos os demais, principalmente, como é óbvio, o de Capitu. "Eu era então um poço delas [dúvidas]", diz[32]. Essas dúvidas, contudo,

---

26. *Idem*, cap. XIV
27. *Idem*, cap. LXXX.
28. *Idem*, cap. XLIX.
29. *Idem*, cap. CVI.
30. *Idem*, caps. LXXX e CVI.
31. Em particular, *idem*, cap. LXVII, no qual Capitu se envaidece da angústia de Bento em relação à doença de sua mãe.
32. *Idem*, cap. CXV.

não diziam respeito a nada que se encontrasse fora de si mesmo, pois surgem desde o princípio, quando nota que Capitu é mais bonita que ele, que seus sonhos também o são, que o amor dela é maior que o seu, sua força maior do que qualquer temor. Suas dúvidas são, na verdade, uma – dúvida de sua capacidade de amar. Essa dúvida engendra outras dúvidas de natureza mais específica: dúvida de sua virilidade – Capitu concebe apenas uma vez, *ele* não poderia ter gerado Ezequiel[33]; dúvida de que Capitu prefira Escobar, mais alto, musculoso, elegante, inteligente, atraente e assim por diante. Mas a grande dúvida permanece – dúvida de seu próprio amor. Ele confessa suas defecções: seu interesse na irmã de Escobar, em outras mulheres, em Sancha e, finalmente, em prostitutas. É notável que sua primeira explosão de ciúme vingativo contra Capitu seja precedida de um vago interesse na irmã de Escobar; que sua segunda, e maior, explosão seja precedida de olhares a Sancha após a missa; e que a maior delas, no funeral de Escobar, seja precedida por seus avanços sobre Sancha na noite anterior. Ou seja, ele projeta suas próprias defecções sobre Capitu e, do princípio ao fim, projeta sua dúvida de um ego que autorrepresenta a si mesmo como uma dúvida de Capitu.

Quando Santiago diz que inveja a providencial capacidade de enganar de Capitu[34], significa que ele inveja a fidelidade, a confiança, a singularidade, a pureza, o autoabandono do amor de Capitu. Pois Capitu não sente culpa nem vergonha em amar Bento. Ela ama a seus pais, mas, como Santiago coloca, "também gostava de mim, e naturalmente mais, ou melhor, ou de outra maneira"[35]; e esse amor por Bento a impele ao audaz

---

33. *Idem*, cap. CIX.
34. *Idem*, caps. XV, XXXIV, XXXVIII e LXXXIII.
35. *Idem*, cap. XVIII.

estratagema que ele chama de "dissimulação" – como o amor de Desdêmona por Otelo a impele a "enganar seu pai" e "deixar os olhos do pai como vendados", de modo que ele considera seus esforços "feitiçaria". Como Desdêmona, Capitu enfrenta o ciúme de Bento e as maquinações de Casmurro acreditando em seu amor e fé. Eis seu crime.

Quando Santiago, no capítulo final, encerra sua argumentação ao leitor com a afirmação de que a Capitu menina estava na adulta*, ele, ironicamente, diz a verdade. Capitu não muda, assim como Desdêmona. Otelo muda. "Meu veneno já produziu alterações no Mouro", diz Iago. Bento muda com o veneno de Casmurro: "[...] haveria em mim um homem novo, [...] que impressões novas e fortes o descobriam"[36]. Nada mudou Capitu – nem a frieza, a repulsa, a crueldade ou o abuso. Ela morre amando seu Otelo. Embora Santiago a mate, ela não morre realmente – nem para ele nem para nós, leitores. Como Manduca, ela representa a vitória do amor sobre a morte. Não é por acaso que a criatura de Machado, Santiago, a envolve em símbolos marinhos, pois era familiar a seu criador o mito grego de que Vênus nasceu do mar, como era-lhe também familiar o aditamento camoniano de que Vênus é a mãe do povo português. Capitu é pura feminilidade portuguesa, o amor encarnado lutando contra o amor-próprio (Casmurro) pela alma (Bento) de Santiago – pois o amor é parte essencial da alma.

---

*   Na verdade, a questão de Santiago é o contrário: saber se a Capitu adulta (traidora) já se encontrava na Capitu menina (dissimulada). "O resto é saber se a Capitu da praia da Glória já estava dentro da de Matacavalos", *Dom Casmurro*, cap. CXLVIII (N. do T.).

36. *Dom Casmurro*, cap. CXL.

8
ALGUNS SÍMBOLOS

Em Manduca descobrimos uma equação de amor, vida e o espírito de Jesus. Também vimos que Santiago não interpreta Manduca para nós dessa forma, mas ao contrário, como o "diabo" e o "estrume" que nutre a flor Bento. Ele tampouco interpreta Capitu como "amor", mas como algo mais próximo de representar desejo, mal, matéria e o diabo. Mas, além da raposa velha juridicamente legal e precavida, ele é ainda um criminoso numa sessão de tribunal, com um perverso desejo de confessar, e até mesmo de se gabar, de seu crime. Veremos, através de um exame minucioso do simbolismo que permeia a narrativa, que não somente sua interpretação cai por terra, como algumas outras explicações e metáforas suas confirmam a interpretação que sugeri no capítulo anterior.

O simbolismo em *Dom Casmurro* surge à baila de modo bastante elaborado. Mas, como Freud demonstrou acerca dos sonhos, embora a elaboração seja tão complexa que desafia qualquer catalogação, o desejo que dá sustentação às formas proteicas do sonho podem ser muito simples – de modo que, em *Dom Casmurro*, esse simbolismo multiforme, numa inspeção mais minuciosa, prova que existem diversas formas de dizer exatamente a mesma coisa.

A Casa

O primeiro grande símbolo está contido no título *Dom Casmurro*. Contudo, uma vez que já fizemos algumas considerações a respeito de "casmurro", permitam-nos passar deste para um segundo – a casa, como símbolo da alma ("a alma da gente, como sabes, é uma casa assim disposta"[1]) – que ocorre pela primeira vez no capítulo II. Santiago nos diz que tenta reconstruir a velha casa em que passou sua infância e adolescência para, assim, recuperar sua juventude. E quem destruiu essa casa? No capítulo CXLIV, ele diz: "Hão de perguntar-me por que razão, tendo a própria casa velha, na mesma rua antiga, não impedi que a demolissem e vim reproduzi-la nesta". Sua resposta é esta: depois da morte de sua mãe, ele voltou para a casa, mas "toda a casa me desconheceu"; isto é, Bento desconheceu Dom Casmurro – Dr. Jekyll repudiou Mr. Hyde[*]. "Tudo me era estranho e adverso", diz ele, "deixei que demolissem a casa". Em outras palavras, Hyde dá os golpes finais em Jekyll; Casmurro conclui o assassínio de Bento[2]. Em seguida, ele tenta reproduzir a anti-

---

1. *Dom Casmurro*, cap. LVI.
* Personagens de *O Médico e o Monstro* (título original, "Dr Jekill and Mr Hyde"), do escocês Robert Louis Stevenson (N. do T.).
2. Cf. *idem*, cap. CVII: "Os meus ciúmes eram intensos, mas curtos; com pouco derrubaria tudo, mas com o mesmo pouco ou menos reconstruiria o céu, a terra e as estrelas". Santiago já tinha prática em matéria de demolição e reconstrução.

ga casa em outro local. Localização no espaço é uma forma simbólica para localização no tempo: "o meu fim evidente era atar as duas pontas da vida, e restaurar na velhice a adolescência". Ou seja, ele tenta fazer a ressurreição de sua alma, recuperar o que possuía de "Bento". Ele nos conta que fracassa nisso: tudo o que consegue é erguer uma tumba com um cadáver bem embalsamado ("falto eu mesmo [...]. O que aqui está é, mal comparando, semelhante à pintura que se põe na barba e nos cabelos, e que apenas conserva o *hábito* externo, como se diz nas autópsias"), um monumento que abriga uma "exibição retrospectiva", habitado por fantasmas. É o mesmo simbolismo empregado por Machado de Assis em seu primeiro romance, *Ressurreição* ("o seu coração, se ressurgiu por alguns dias, esqueceu na sepultura o sentimento da confiança e a memória das ilusões").

Embora às vezes o símbolo "casa" pareça ser usado por Santiago com uma significação levemente diferente, na verdade trata-se do mesmo símbolo, com ênfase em uma parte essencial da alma – o amor – como a ocasião em que Santiago explica que sua alma é como uma casa sem chaves ou fechaduras, e que Escobar simplesmente abriu a porta e entrou, isto é, entrou com sua amizade, confiança e amor. Da mesma forma, é esta a estória de Santiago: vive na casa de sua mãe, casa-se e passa a viver na casa de Capitu, na de Escobar e Escobar na sua; em seguida, começa a frequentar casas de prostituição (com companhias femininas alegres e descontraídas)[3] e, finalmente, tenta retornar à casa da mãe.

Antes de deixarmos este símbolo, talvez devêssemos tornar o olhar um pouco para alguns móveis da casa. Santiago menciona em particular o lavadouro e o quintal, o que recorda a escra-

---

3. *Idem*, cap. LIX.

vidão; os retratos de sua mãe e de seu pai; a decoração das paredes da sala de estar – flores suspensas no espaço por grandes pássaros, com as quatro estações nos cantos (sua narrativa começa com a primavera tardia de sua vida, como também do ano, e termina com o inverno); e os quatro medalhões romanos, César, Augusto, Nero e Massinissa, que o inspiraram a escrever sua narrativa. ("Foi então que os bustos pintados nas paredes entraram a falar-me e a dizer-me que, uma vez que eles não alcançavam reconstituir-me os tempos idos, pegasse da pena e contasse alguns.")

"Não alcanço", diz Santiago, "a razão para tais personagens" – outra magnífica "lacuna" da parte de nosso autor fictício – e ele se referirá a eles ainda outras quatro vezes[4]. Que elementos de sua alma eles representam? Os três primeiros eram romanos e o quarto, um africano aliado aos romanos que largou sua esposa para permanecer com eles. Foram todos homens de poder e riqueza. O único sobre o qual Santiago discorre um pouco mais é César, cuja grandeza, parece, reside em seu amor por uma mulher[5]. Talvez seja esta a chave para parte do significado dos outros três: o terno esposo Augusto amou Lívia por distração; o amor de Nero por sua esposa era incestuoso e ele a matou para se casar com a adúltera Popeia; Massinissa mandou um jarro de veneno para sua esposa Sophosniba, que ela entornou sem hesitação, mas também não sem sarcasmo[6]. Consideremos as palavras finais de Capitu a Bento:

> Capitu não pôde deixar de rir [...]; depois, em um tom juntamente irônico e melancólico:

4. Duas vezes no capítulo II e uma vez nos capítulos XXXI e CXLV.
5. *Idem*, cap. XXXI.
6. Consultar, em particular, o Ato V de *Sophonisbe*, Corneille, uma provável fonte do conhecimento de Machado desta estória.

"Pois até os defuntos! Nem os mortos escapam aos seus ciúmes!" [...] "Confiei a Deus todas as minhas amarguras", disse-me Capitu ao voltar da igreja; "ouvi dentro de mim que a nossa separação é indispensável, e estou às suas ordens".

E pode ser – deve ser – significativo que, após a morte de Capitu e o retorno de Ezequiel da Europa, Santiago o encontre fitando o busto de Massinissa[7].

Flores, Vermes e Sonetos

O terceiro grande símbolo, "a flor", é introduzido como parte da decoração da casa – as grinaldas pintadas na parede – e, mais especificamente, na descrição dos dois retratos.

O [retrato] de minha mãe mostra que era linda. Contava então vinte anos, e tinha uma flor entre os dedos. No painel parece oferecer a flor ao marido. [...] São retratos que valem por originais. O de minha mãe, estendendo a flor ao marido, parece dizer: "Sou toda sua, meu guapo cavalheiro!" O de meu pai, olhando para a gente, faz este comentário: "Vejam como esta moça me quer..."

O significado deste símbolo parece bastante claro: amor – juvenil, puro, entregue[8].

O mote do soneto que Santiago nunca terminou é "Oh! flor do céu! oh! flor cândida e pura". "Quem era a flor?", pergunta Santiago, que responde: "Capitu, naturalmente". Em seguida, passa a outros conceitos: "virtude", "poesia", "religião", "liberdade", "justiça" e finaliza com "caridade". "Caridade" é de-

---

7. *Dom Casmurro*, cap. CXLV.
8. Cf. o conto "O Capitão Mendonça" (*Contos Recolhidos*, p. 177) de Machado: "'O amor é quase tudo na vida... As grandezas da terra não vale uma flor nascida à beira dos rios'".

finida pelo Caldas Aulete[9] como "amor ao próximo; uma das três virtude teologais pela qual amamos a Deus como o nosso supremo bem, e ao próximo como a nós mesmos. Bom coração, benevolência, bondade". Novamente, a "flor" simboliza o "amor" e "flor do céu" o "amor cristão por Deus e pelo próximo". De sua indecisão sobre a última linha do soneto, percebemos que Bento identifica a si mesmo e a sua alma com a "flor". Seja em "Perde-se a vida, ganha-se a batalha!" como em "Ganha-se a vida, perde-se a batalha", "vida" significaria a "vida neste mundo", a "vida da carne"? Deveria ele, Bento, filho da "Santíssima" Glória com Deus, vencer a batalha do céu permanecendo fiel à sua mãe e a Deus como padre, ou perdê-los, casando-se com Capitu, a carne e o demônio? Esta parece ter sido a interpretação de Santiago. Nós já tivemos alusões preliminares de Santiago identificando-o com a "flor do céu cândida e pura". Capitu o chama de flor (capítulo XII)[10]; e no capítulo LI, ele nos diz: "eu era puro, e puro fiquei, e puro entrei na aula de São José ". Mais tarde, no episódio Manduca, a natureza acena ao "nojento" Manduca com a "flor" Bento e, assim, a flor reveste-se de beleza. E Manduca é o "estrume" que nutre a "violeta" Bento, reforçando sua "fragrância". (Santiago reconhece a boa influência de Manduca em seu espírito.)

Capitu também era uma "flor", como sugere Santiago inicialmente, no capítulo do soneto (LV). No capítulo LXXX, a imagem se repete: "Capitu passou a ser a flor da casa, o sol das manhãs, o frescor das tardes, a lua das noites" – em outras palavras, a parte essencial da alma (a casa) é o amor (a flor). E José Dias se refere à Capitu menina como "a flor caprichosa de um fruto sadio e doce".

---

9. F. J. Caldas Aulete, *Dicionário Contemporâneo da Língua Portuguesa*, Lisboa, 1881.

10. Cf. a descrição da casa do sonho de Santiago (cap. XLIX): "plantei-lhe flores".

Tanto Capitu quanto o "Bento" em Santiago são "a flor", pois são da mesma espécie. Perto do capítulo final do livro, Santiago nos diz: "Já sabes que a minha alma, por mais lacerada que tenha sido, não ficou aí para um canto como uma flor lívida e solitária [...]. Vivi o melhor que pude, sem me faltarem amigas que me consolassem da primeira". Também sabemos que a alma de Capitu permaneceu num canto como uma flor lívida e solitária. A flor de Capitu continuou a florescer no frio estéril da Suíça. O "Bento" em Santiago morre: o mesmo que aconteceu com sua "casa" se passa com a "flor" de Santiago – Casmurro a destrói.

Em outras obras de Machado de Assis, a "flor" (sentimento, amor, alma, vida) é destruída por um "verme" identificado como o "ciúme", o "cinismo", a "morte"[11]. O "verme" em *Dom Casmurro* não é posto em contato direto com a "flor", mas, creio eu, é dado ao leitor fazer a relação. O capítulo XVII, "Os Vermes", poderia parecer estranho à narrativa não fosse por dois símbolos: "a lança de Aquiles" (Deus, vida)[12] e "os vermes" (morte). Os vermes, nesse momento, estão roendo livros. Mas um livro, na linguagem de Machado, é "a vida espiritual" de um homem[13], o que se aproxima em significado da "flor". E esse capítulo, "Os Vermes", prepara-nos para dois ca-

---

11. Por exemplo, o verme (o ciúme) mata a flor (o coração) que encerra celeste orvalho e perfume (o amor), plantada por um deus ("Phalenas: O Verme" [*Poesias Completas*]). "O cinismo [...] pode contaminar uma consciência reta, pura e elevada, do mesmo modo que o bicho pode roer os mais sublimes livros do mundo" ("Balas de Estalo", *Gazeta de Notícias* [*Chronicas*, IV]). "A morte é um verme, de duas espécies, conforme se introduz no corpo ou na alma. Mata em ambos os casos" ("Sem Olhos" [*Relíquias de Casa Velha*, II]).

12. Cf. "Phalenas: Uma Ode de Anacreonte" (*Poesias Completas*), na qual a lança de Aquiles é o "Amor" – "As feridas que faz o mesmo Amor as cura; / Brandem armas iguais Achilles e Cupido".

13. Advertência de Machado de Assis a *Helena*; *Memórias Póstumas de Brás Cubas*, caps. XXVII e XXXVIII; e a passagem acima (nota 11) de "Balas de Estalo".

pítulos posteriores (LXII e LXXIII) nos quais o ciúme morde Bento. (Como diria Santiago, que um verme tenha se tornado uma serpente, isso não o faz menos verme.) Assim, por uma série tripla de alusões e lacunas, Casmurro é identificado como o "verme" (ciúme, morte), que ataca a "flor Bento" (amor, alma).

A linha com que Bento encerra o verso final de seu soneto prenuncia o final do livro: "Ganha-se a vida, perde-se a batalha!"; "Porque qualquer que quiser salvar a sua vida perdê-la-á, mas, qualquer que perde a sua vida por amor de mim e do evangelho, esse a salvará. Pois que aproveitaria ao homem ganhar todo o mundo e perder a sua alma?"[14] Bento Santiago perde sua alma. Portanto, o simbolismo do soneto é o mesmo que o da casa: ele não consegue relacionar o primeiro verso com o último porque a essência de sua alma se perdeu.

O Sonho e a Reforma Dramática

Mais uma vez, a mensagem do sonho interrompido que Bento não consegue unificar ou recuperar é a mesma daquela da "casa" e do "soneto", como afirma propriamente Santiago.

Sabes que esta casa do Engenho Novo, nas dimensões, disposições e pinturas, é reprodução da minha antiga casa de Matacavalos. Outrossim, como te disse no capítulo II, o meu fim em imitar a outra foi ligar as duas

---

14. Na tradução portuguesa do Padre Pereira, a partir do latim vulgar, essa passagem (Marcos 8:35-36) é idêntica à versão inglesa, traduzindo-se a palavra "anima" como "vida". Mas na passagem paralela (Mateus, 16:25-26), a tradução portuguesa traduz "anima" como "alma", de modo que lemos: "Porque qualquer que quiser salvar a sua alma perdê-la-á, mas, qualquer que perde a sua alma por amor de mim e do evangelho, esse a salvará. Pois que aproveitaria ao homem ganhar todo o mundo e perder a sua alma?" Essa passagem esclarece, portanto, o outro lado do dilema de Bentinho: se escolher salvar sua alma tornando-se padre, em vez de perdê-la, amando Capitu, ele ainda assim perderá a alma. Santiago fica no meio, indeciso.

pontas da vida, o que aliás não alcancei. Pois o mesmo sucedeu àquele sonho do seminário [...][15].

Mesmo um elemento do sonho, o bilhete de loteria com o número 4004, contém o mesmo simbolismo da casa, do soneto e do sonho interrompido: um mesmo número inteiro no início e no fim, separados por uma lacuna.

No segundo capítulo do sonho ("Uma Ideia e um Escrúpulo"), Santiago explica cuidadosamente que os sonhos se originam no cérebro da pessoa; mesmo antes disso (no capítulo XXX), ele explica que os sonhos urdem-se com o padrão de nossas inclinações e recordações. Em outras palavras, o sonho de Bento representa um desejo dividido: ele quer igualmente permanecer fiel à sua mãe e à Igreja, e amar e se casar com Capitu. A primeira parte desse desejo fica duplamente clara através da vontade determinada de Santiago presente nas sentenças que precedem imediatamente a narração do sonho, cuja substância é a seguinte: se ele não fosse de Capitu, poderia ser um padre pária, um bispo, ou até papa.

[...] como me recomendou tio Cosme: "Anda lá, meu rapaz, volta-me papa!" Ah! por que não cumpri esse desejo? Depois de Napoleão, tenente e imperador, todos os destinos estão neste século.
Quanto ao sonho foi isto.

O sonho, como se apresenta, com sua interpretação óbvia, se passa da seguinte maneira: ele está procurando os amantes de Capitu e avista um (ou seja, ele a queria infiel e, no sonho, ela era, com a consequência implícita de que agora ele podia abandoná-la e permanecer fiel à sua mãe e a Deus). Em seguida, o desejo contrário: o amante foge – ele não existia (ou seja, ele

15. *Dom Casmurro*, cap. LXIV.

fica com Capitu). Depois, o primeiro desejo de novo: seu pai lamenta-se de um bilhete de loteria que não foi premiado. (Nós também sabemos que isso significa entrar para a vida celibatária e não se casar com Capitu, pois quando Pádua despede-se de Bento na véspera de sua partida para o seminário, "tinha os olhos úmidos deveras; levava a cara dos desenganados, como quem empregou em um só bilhete todas as suas economias de esperança, e vê sair branco o maldito número, – um número tão bonito!") Na sequência, o desejo contrário, desta vez afirmado completa e inequivocamente: Capitu promete-lhe "o grande prêmio" com seus olhos e lábios, Pádua e seu bilhete desaparecem, a rua fica deserta de amantes, Capitu inclina-se para fora da janela de sua casa, Bento segura suas mãos.

Uma vez que, para o Dom Casmurro maduro, o sonho contém o mesmo desejo que o soneto e a casa – voltar à adolescência – ele aparece com uma leve alteração: o início de sua vida teria que conter o elemento Casmurro – seu ciúme e seu pesar de abandonar a Igreja e sua mãe – e o fim dela, o doce e entregue elemento Bento-Capitu. Em outras palavras, em vez de exumar sua alma morta, sua capacidade de amar (algo que se tornou impossível para ele), desta vez o desejo se inicia pela predominância má, isto é, com pouca alma ou alma nenhuma, faz esse mal morrer e a alma irromper, como uma borboleta de um casulo. Neste desejo, Santiago identifica a alma e tudo o que é bom com Capitu e com seu amor por ela.

Esse desejo é afirmado de modo mais sucinto no primeiro dos dois capítulos que logicamente seguem e explicam o sonho, "Uma Reforma Dramática", no qual ele defende que uma tragédia deve começar pelo desfecho trágico e caminhar para trás, terminando pelo início feliz. Ele ilustra sua propalada reforma com *Otelo*, que ele nos afirmará mais tarde ser a *sua* tragédia – com a ressalva de que sua Desdêmona é culpada.

O sonho pode ser interpretado ainda de uma terceira maneira. Assim como o número do bilhete de loteria de Pádua, 4004, ele pode ser lido nos dois sentidos. (E é conhecido que as ordens lógica e cronológica se encontram frequentemente invertidas em sonhos.) Se começarmos pelo desejo final e formos caminhando em direção ao início, o sonho torna-se profético: Capitu dá a Bento seu amor, com a promessa do "grande prêmio" de uma felicidade conjugal e amorosa perfeita. Essa ideia é reforçada pela perfeição do número do bilhete de loteria de Pádua, pois há evidências de que Bento se identifica com Pádua[16]: ou seja, o destino promete a Pádua (Bento) o "grande prêmio", mas "a roda da fortuna se parte" (a capacidade de amar de Santiago se parte) e ele acaba por espionar e perseguir o(s) amante(s) fantasma(s) de Capitu – e o *Otelo* começa e termina como Shakespeare, o "plagiador" do destino, pretendia.

Pandora-Natureza-Destino

O segundo desses dois capítulos, "O Contrarregra", continua o simbolismo da vida como um conflito dramático; no capítulo do "soneto", era representada uma batalha entre céu e terra. O autor e contrarregra da peça é o destino. O que é o "destino" para Santiago e Machado de Assis? Para Machado, é "Pandora", "a natureza", "a vida contendo a morte", "o bem contendo o mal"[17]. Mesmo em *Dom Casmurro*, podemos encontrar os termos "Pandora" e "natureza" referindo-se a "des-

---

16. *Idem*, cap. XV.
17. Por exemplo, "Occidentais: Uma Creatura" e "Phalenas: Manhã de Inverno" (*Poesias Completas*); *Memórias Póstumas de Brás Cubas*, caps. VII e LVII; *Esaú e Jacó*, cap. I: o "destino" da vidente Bárbara é equiparado à "natureza" pelo mote "Dico che quando l'anima mal nata..."de Dante.

tino". Pandora dá aos pais de Santiago um bilhete premiado, mas a Santiago um número ruim, com uma lacuna[18] – o que significa que a Natureza criou-os para a felicidade, e a ele, Santiago, para a infelicidade. A Fortuna se alterna com a Natureza no enredo do drama da vida de Tio Cosme[19] – o que não passa de uma forma de dizer que as virtudes de Cosme não eram fortes o bastante para combater a adversidade. A Natureza fez de Santiago uma "flor" – mas assim como Cosme, ela murcha e morre. Fez também de Capitu uma flor – esta, perene. O Destino introduz Escobar no drama[20]; o mesmo Destino semeia a "letra" Ezequiel[21]. Isto é, a natureza de Bento Santiago – seus gênios bom e mau – criou as partes Escobar, Ezequiel, Capitu e as demais que atuariam no drama de sua vida[22].

A Ópera

Para um tenor italiano, naturalmente, a única forma de drama é a ópera. Santiago "aceita a definição de Marcolini: sua vida é uma ópera na qual as palavras escritas por Deus lutariam com a música escrita por Satã. Como, exatamente, Santiago aplica essa alegoria a sua própria vida? A ópera, para ele, é aparentemente o antigo conflito do asceta cristão entre corpo e alma, no qual ele identifica a si mesmo e a sua pia mãe com o libreto de Deus, e Capitu e seus pais vulgares com a música do diabo. Ele não sabe, até que se torna consciente de seu amor

18. *Dom Casmurro*, cap. VII.
19. *Idem*, cap. VI.
20. *Idem*, caps. LXXI-LXXIII.
21. *Idem*, cap. CXXXII.
22. Cf. a coluna de Machado em *Gazeta de Notícias*, 30 de dezembro de 1894 (*A Semana*, II), onde se lê "Shakespeare cedeu o passo a Lynch" [*i.e.*, ao mal presente nas naturezas da turba] no artigo sobre a tragédia do bandido Puga.

por Capitu, que "já tinha começado a cantar" essa música[23]. Antes de relatar o segundo beijo, Santiago comenta: "Não conhecia nada das Escrituras. Se conhecesse, é provável que o espírito de Satanás me fizesse dar à língua mística do *Cântico* um sentido direto e natural". Há aqui algo como uma distorção: o espírito de Satã advindo da Sagrada Escritura. Mas tenhamos sempre em mente que estamos considerando a interpretação de Santiago quanto à "Ópera", não a de Machado de Assis. No capítulo LVIII ("O Tratado"), Santiago confessa seu adolescente interesse sexual por moças, e novamente o identifica com a tentação de Satanás. Quando Bento deseja a morte de sua mãe, de modo a ficar livre para amar Capitu, "foi uma sugestão da luxúria e do egoísmo"[24]. No capítulo XCVII ("A Saída"), de novo ele alude a seu interesse por outras moças, com a mesma implicação: "Posto que filho do seminário e de minha mãe, sentia já, debaixo do recolhimento casto, uns assomos de petulância e de atrevimento; eram do sangue [...] a vaidade [...]". Depois de fitar Sancha firmemente e apertar levemente sua mão, os instantes do diabo intercalaram-se nos minutos de Deus[25].

Em outras palavras, o amor por Capitu e as fantasias passageiras não são diferenciadas: o amor para Santiago, como para Iago, "é apenas um apetite do sangue e uma concessão da vontade" – o espírito de Satã. Somente o amor por sua mãe é de Deus. Mas ele não é inteiramente consistente em sua utilização dos símbolos. O Bento menino por vezes identifica Capitu com a santidade que o circunda e a sua mãe: por exemplo, quando se dá conta pela primeira vez de que ama Capitu.

Padre futuro, estava assim diante dela como de um altar, sendo uma das faces a Epístola e a outra o Evangelho. A boca podia ser o cálix, os

23. *Dom Casmurro*, cap. X.
24. *Idem*, cap. LXVII.
25. *Idem*, cap. CXVIII.

lábios a patena [...]. Estávamos ali com o céu em nós. As mãos, unindo os nervos, faziam das duas criaturas uma só, mas uma só criatura seráfica[26].

Quando se sente puxado pela ressaca do amor de Capitu, Santiago observa que "Só os relógios do céu terão marcado esse tempo infinito e breve"[27]. Na reconciliação que segue a primeira briga, Bento "sentia os olhos molhados... era amor puro"[28]. E novamente na apóstrofe de Santiago a Capitu por ocasião da partida de Bento para o seminário:

Oh! minha doce companheira de meninice, eu era puro, e puro fiquei, e puro entrei na aula de São José, a buscar de aparência a investidura sacerdotal, e antes dela a *vocação*. Mas a *vocação* eras tu, a investidura eras tu[29].

Em seguida, segue-se a consideração momentânea de Bento sobre Capitu como a "flor do céu", e demais referências a ela como uma "flor" e como "anjo das Escrituras".

No capítulo LXXX ("Venhamos ao Capítulo"), a confusão de símbolos de Santiago torna-se manifesta por sua interpretação dos sentimentos de sua mãe.

Pouco a pouco veio-lhe a persuasão de que a pequena me faria feliz. Então (é o final do ponto anunciá-lo), a esperança de que o nosso amor, tornando-me absolutamente incompatível com o seminário, me levasse a não ficar lá nem por Deus nem pelo diabo, esta esperança íntima e secreta começou a invadir o coração de minha mãe.

Quem é o demônio e quem é Deus agora? Até onde Bento concebe, a descrição fantasiosa de José Dias de uma viagem a

26. *Idem*, cap. XIV.
27. *Idem*, cap. XXXII.
28. *Idem*, cap. XLVI.
29. *Idem*, cap. LI.

Roma e da absolvição do papa, com a Virgem Maria, Jesus e coros de anjos cantando hosanas[30], é uma benção boa e direta de Deus ao casamento com Capitu, cuja realização deve ocorrer "no céu", atendido pela benção divina na forma de uma chuva de bom augúrio, luzes de velas celestiais, a recepção por São Pedro, os cantos dos anjos e assim por diante[31].

Números

Apesar dessas inconsistências da interpretação de Santiago quanto à alegoria de sua vida, ele trabalha para deixar o leitor com a impressão de que ele é de Deus, e Capitu, do demônio, dissimulada desde a semente. Retornemos ao seu comentário ao concluir a "ópera" de Marcolini: "[...] minha vida se casa bem à definição. Cantei um *duo* terníssimo, depois um *trio*, depois um *quatuor*...".

Santiago, ao que parece, interpreta os outros membros do quarteto do diabo como Capitu, Escobar e Ezequiel. Particularmente, não resta nenhuma dúvida quanto a Escobar: ele é o "terceiro" (o "portador") das cartas de Capitu e Bento[32]; é o "terceiro" em "Embargos de Terceiro"[33]. (De novo, talvez haja mais razões para acreditarmos que é Casmurro que surge entre Bento

---

30. *Idem*, cap. XCV.
31. *Idem*, cap. CI.
32. *Idem*, cap. XCVIII.
33. A respeito da mesma imagem, consultar *A Mão e a Luva*, cap. XV, e "Phalenas: A um Legista" (*Poesias Completas*) –
    Rosa... que se enamora
    Do amante colibri
    * * * * * * * * *
    Mas Zéfiro brejeiro
    Opõe ao beija-flor
    Embargos de terceiro
    Senhor e possuidor.

e Capitu como um "terceiro" desarmonioso.) Em "A Mão de Sancha", com o projeto secreto de Escobar "para os quatro" e a "contradança" de Santiago, o quarteto passa a Santiago, Capitu, Sancha e Escobar. Embora Santiago lance o símbolo "quatro" dessa forma, continua bastante claro que ele deixa a nós a tarefa de interpretar seu quarteto como Bento, Capitu, Escobar e Ezequiel: quando amigos perguntam se ele vai fazer um discurso no funeral de Escobar sua resposta é sim, ele dirá "quatro" palavrinhas[34].

Mas e quanto ao número místico do bilhete de loteria do sonho, 4004? Se desejarmos ir além da interpretação simples indicada anteriormente, devemos, creio eu, consultar o capítulo "Ideias Aritméticas", no qual Escobar, que tem uma "cabeça aritmética $(2 + 2 = 4)$", explica a beleza da matemática para seu jovem colega.

> Veja os algarismos: não há dous que façam o mesmo ofício; 4 é 4, e 7 é 7. E admire a beleza com que um 4 e um 7 formam uma cousa que se exprime por 11. Agora dobre 11 e terá 22; multiplique por igual número, dá 484, e assim por diante. Mas onde a perfeição é maior é no emprego do *zero*. O valor do *zero* é, em si mesmo, nada; mas o ofício deste sinal negativo é justamente aumentar. Um 5 sozinho é um 5; ponha-lhe dous oo, é 500. Assim, o que não vale nada faz valer muito [...].

Por acaso não é exatamente o que Santiago faz? – colocar depois do 4 (Santiago, Capitu, Escobar e Ezequiel) "nada" seguido do mesmo 4, obtendo o excelente número 4004? Qualquer que seja a interpretação correta, quero crer que Machado de Assis investe tanto 4 quanto 4004 com um simbolismo múltiplo, da mesma forma como investe algumas palavras com diversos significados. Quero crer também que as outras imagens desse capítulo

---

34. *Dom Casmurro*, cap. CXXII.

sobre ideias aritméticas têm a sua significação – em particular as "nove casas" de Dona Glória, juntamente com seu rendimento de 1:070$000). Acredito, ainda, que esse capítulo explica o número *dez* das "dez libras esterlinas" de Capitu[35]. Como explica Escobar, não importa quão extensa e bela uma operação matemática seja, existem apenas dez algarismos – eles são a base de tudo. Machado tinha familiaridade com o sentido figurado da palavra "esterlina", como observamos acima. Quando Capitu dá suas dez libras esterlinas a Santiago, ela está fazendo a mesma coisa que faz Dona Glória oferecendo a flor ao marido, no retrato: "Sou toda sua, meu guapo cavalheiro!", e a reação imediata de Santiago é a mesma que a de seu pai – "Vejam como esta moça me quer".

Obviamente, as dez libras esterlinas têm outra implicação, literal, no interesse de Bento Santiago por dinheiro; e não há dúvidas de que foi esta a causa da estupefação de Escobar.

Voltando ao número 4, e ao 4004, existem ainda outros "quatros" significativos na estória de Santiago: as "quatro estações" em sua "casa", os "quatro bustos pintados na parede", sua "loucura-e-pecado" "virtude-e-razão" – uma espécie de duplo de Deus e o diabo, do amor e do ódio, ou de Bento e Casmurro. (É muito natural que o dúplice Santiago [Bento-Casmurro] possa aparentar um duplo.) Mas antes de tratarmos dos "pares casados", permitam-nos considerar brevemente um símbolo recorrente peculiarmente relacionado com Capitu, e alguns outros secundários, que lançam luzes nessa matéria dos "pares casados".

O *Mar*

Como mencionamos acima, Machado de Assis tinha familiaridade com o mito grego de que a deusa do amor nasceu do

35. *Idem*, cap. CVI.

mar. E nós vimos que Santiago temia perder a si mesmo na ressaca dos olhos de Capitu. Nesse mesmo capítulo, ele a compara a Tétis, grafada por Camões como Tethys – o mar – filha do Céu com a Terra, que envolveu Adamastor (desejo e amor-próprio) com as vagas de seu amor. Mesmo nesse capítulo inicial, Santiago nos diz que o amor de Capitu abarca todas as potências, cristãs ou pagãs. E nós vimos que Capitu, em seu temor e ciúme de Dona Glória, teria enviado Bento pelo mar de seu amor para longe do alcance de Dona Glória. Quando Bento, nas instruções de Capitu, tenta conquistar José Dias para o plano deles, ele contempla o mar[36]. A primeira briga, assim como as últimas, são comparadas às tempestades marinhas[37]. Os recém-casados vão morar no mar (praia da Glória) e passam as noites contemplando céu e mar[38]. Santiago tem ciúme de Capitu contemplando o mar[39]. Após o nascimento de Ezequiel, Escobar e Santiago vão caminhar na praia ou no Passeio Público (de onde se pode ver o mar)[40]. Escobar muda-se para uma casa perto do mar e os dois casais passam as noites na casa de Santiago ou na de Escobar "contemplando o mar"[41]. Quando Bento e Sancha fazem amor*, o mar fica revolto[42]. Escobar tinha pulmões e braços fortes para nadar no mar[43], mas vai longe demais e nele se afoga[44] – e *esse* mar é identificado com os olhos de Capitu[45].

---

36. *Idem*, cap. XXV.
37. *Idem*, caps. XLIX e CXXXII.
38. *Idem*, cap. CV.
39. *Idem*, caps. CVI e CVII.
40. *Idem*, cap. CVIII.
41. *Idem*, cap. CXVII.
* Passagem estranha no original – "When Bento and Sancha made love" (p. 110). Não há evidência no texto de *Dom Casmurro* de que tal coisa tenha se passado (N. do T.).
42. *Idem*, cap. CXVIII.
43. *Idem*, cap. CXVIII.
44. *Idem*, cap. CXXI.
45. *Idem*, cap. CXXIII.

O OTELO BRASILEIRO DE MACHADO DE ASSIS

Quando Santiago decide cometer suicídio, isto é, separar-se de Capitu e de seu amor, pensa, "não tornaria a contemplar o mar da Glória"[46]. Ele compara a perda de seu amor por Capitu como um naufrágio: "Assim, posto sempre fosse homem de terra, conto aquela parte da minha vida, como um marujo contaria o seu naufrágio"[47]. Passado longo tempo da morte do amigo, ele, conforme conta-nos, vai à casa de Escobar na praia,

experimentar se as sensações antigas estavam mortas ou dormiam só; não posso dizê-lo bem, porque os sonos, quando são pesados, confundem vivos e defuntos, a não ser a respiração. Eu *respirava* um pouco, mas pode ser que fosse do mar, meio agitado[48].

Nesses últimos símiles, novamente nos deparamos com a semente da tragédia: é a mesma de *Ressurreição*. O Bento em Santiago está fraco; sua capacidade de amar está fraca, ele é um "homem da terra firme" (ou um "marinheiro de primeira viagem"), não tem "pulmões" ou "músculos" para nadar no mar.

Portanto, a implicação do símbolo do mar, até onde respeita a Santiago, é a mesma que a da casa, do soneto e do sonho: fracasso; naufrágio; perda da alma, do paraíso, da vida, do amor.

Cores, Árvores e Pássaros

E Capitu? Não são somente a flor e o mar que identificam Capitu com amor, vida, espiritualidade. Há ainda a cor azul. Na terminologia machadiana, "azul", "céu azul", "sol e céu azul", também representam o amor, a vida e a fidelidade amorosa. E esse símbolo está relacionado com Capitu, que é "o sol",

---

46. *Idem*, cap. CXXXV.
47. *Idem*, cap. CXXXII.
48. *Idem*, cap. CXVII.

HELEN CALDWELL

"o raio de sol e o céu azul"[49], com Bento e Escobar, jovens, com o José Dias moribundo, com todos aqueles para quem "o céu é azul"[50]. Mas a cor amarela, que simboliza o ciúme, está associada com o Santiago maduro – Santiago Casmurro – embora ele dela tente se livrar por intermédio de uma lacuna.

> Não, não, a minha memória não é boa [...]. Como eu invejo os que não esqueceram a cor das primeiras calças que vestiram. Eu não atino com a das que enfiei ontem. Juro só que não eram amarelas porque execro essa cor; mas isso mesmo pode ser olvido e confusão.
> E antes seja olvido que confusão [...][51].

As árvores, que tocam o céu azul, representam os pensamentos – mas um tipo específico de pensamento, ideias alegres, livres, confiantes, atemporais, infundidas de vida, amor, Deus: o velho coqueiro que aprova o novo amor[52], a palmeira erguendo-se contra o céu e exalando vida[53], as árvores em Matacavalos que conhecem Bento mas não reconhecem o Casmurro[54].

Os pássaros que se ocultam nas árvores também representam pensamentos, mas de um tipo bem diverso: são pensamentos limitados, cortantes, tristes, memórias e desapontamentos, pensamentos que morrem com o tempo, a morte[55]. As flores

---

49. *Dom Casmurro*, caps. LXXX-LXXXI.
    Como mencionado anteriormente (caps. 1 e 7), Capitu tem a idade de Julieta. Machado de Assis usou "a idade de Julieta" intercaladamente com esses outros símbolos: por exemplo, no conto "O Anjo das Donzelas": "a idade de Julieta; é a flor, é a vida, é a esperança, o céu azul, o campo verde, [...] a aurora que rompe". Cf. acima a nota 6 do cap. 1 e as notas 31 e 35 do cap. 4 deste estudo.
50. *Idem*, caps. XCIII e CXLIII.
51. *Idem*, cap. LIX. Cf. "Bons Dias!" de 22 de agosto de 1889 (*Diálogos e Reflexões de um Relojoeiro*, p. 263); consultar também o *Conto de Inverno*, II.iii.103-107 e *Muito Barulho por Nada*, II.i.305-308, de William Shakespeare.
52. *Dom Casmurro*, cap. XII.
53. *Idem*, cap. LXXXV.
54. *Idem*, cap. CXLIV.
55. Cf. *Esaú e Jacó*, cap. XLII, em que os desapontamentos de Aires são chamados

pintadas na parede da casa reconstruída por Dom Casmurro encontram-se nos bicos de "grandes pássaros" – e seu amor não passa de uma memória mantida por "comparação e reflexão"[56]. A mesma imagética se aplica à casa original: no início da narrativa, o amor de Dona Glória é igualmente um pouco menos que memória – o culto de um retrato e um túmulo na igreja vizinha; seu primeiro filho encontra-se também enterrado. É somente quando Capitu se torna "a flor da casa, o sol das manhãs, o frescor das tardes, a lua das noites" que a "flor" de Dona Glória volta a viver[57].

Quando Santiago, jovem, de modo a contemporizar uma situação ruim, tenta levar vantagem sobre José Dias no Passeio Público, os movimentos sinuosos de seus pensamentos são espelhados pela "dança fantástica de grandes pássaros negros" acima da praia. (Poder-se-ia observar ainda que o céu encontra-se parcialmente encoberto – "enfarruscado" – nessa cena.)[58]

Os passarinhos engaiolados de Pádua – cujos trilos soam como os mil diabos do inferno para Bento – refletem suas ambições e vanglória vulgares e inofensivas[59].

---

de "andorinhas"; e também, "Phalenas: Pássaros" (Machado compara seus pensamentos tristes com andorinhas); "Americanas: A Cristã Nova V" ("o pensamento é como as aves passageiras"); "A Gonçalves Dias" (ave de morte); "Os Orizes" e a nota de Machado de Assis (a cupuaba é a "viva imagem do tempo vingador"). (Todos os poemas citados se encontram em *Poesias Completas*.) Cf. o uso frequente por Machado das "cegonhas" de Chateaubriand, como em *Memórias Póstumas de Brás Cubas*, caps. I e V, e em *Gazeta de Notícias*, 15 de novembro de 1896 (*A Semana*, III).

56. *Dom Casmurro*, cap. CXLIV.

57. Em "Um Agregado" (*Contos Esparsos*, pp. 269-273), descrito anteriormente (na nota 35 do cap. 4), a redação sobre a vida dentro e fora da casa de Dona Glória é um pouco menos sutil do que na versão final. Em "Um Agregado": "A vida [interna], como a casa, era assim monótona e soturna [...] // A vida externa era festiva, intensa e variada". Dom Casmurro diz, a respeito da reprodução da casa de sua mãe: "Enfim, agora, como outrora, há aqui o mesmo contraste da vida interior, que é pacata, com a exterior, que é ruidosa".

58. *Dom Casmurro*, cap. XXVI.

59. *Idem*, cap. XV.

As andorinhas voando em todas as direções durante a cena da primeira briga entre Bento e Capitu representam seus "desapontamentos" e suas "memórias" – isto é, na interpretação de Santiago, parte do amor dos dois já tinha morrido[60]. E as "andorinhas trepadas nos fios telegráficos" são identificadas com a suspeita ordinária em relação a Capitu e Escobar[61].

Finalmente, há um pássaro horrível e sombrio batendo suas asas no cérebro de Santiago – a própria morte, que precisa "vir à vida" para existir[62].

Mesmo no que diz respeito a esses símbolos menores, a mensagem é a mesma. Bento representa amor e vida, embora Casmurro esteja presente desde o Santiago menino que é assombrado pela morte (quando imagina e deseja a morte da mãe)[63]. Dom Casmurro traz a morte na mente e nos bolsos de sua calça amarela. Mas Capitu é "o oposto da morte"[64].

Os Pares Casados

O conflito dos "pares casados" é o mesmo drama da "ópera", com o mesmo produtor-dramaturgo sob o nome de natureza, ao invés de Deus:

Reduz-se a isso que cada pessoa nasce com um certo número deles e delas [pecados e virtudes], aliados por matrimônio para se compensarem na vida. Quando um de tais cônjuges é mais forte que o outro, ele só guia o indivíduo[65].

60. *Idem*, cap. XLVII.
61. *Idem*, cap. CXL.
62. *Idem*, cap. CXXXIII.
63. *Idem*, cap. LXVII.
64. *Idem*, caps. XXX, LXXXIV e LXXXVI.
65. *Idem*, cap. LXVIII.

Santiago não faz referência direta aos "pares casados" de ninguém exceto aos seus. No caso de Capitu, há uma evidência indireta ainda menor de algo como um conflito entre seus "cônjuges". Como demonstra o simbolismo do mar, ela é uma imagem do amor entregue. Seu ciúme inicial de Dona Glória e de Sancha, sua ambição, inclinação ao prazer e à luxúria, vaidade, mesmo seu intelecto, são rapidamente conquistados e postos a serviço de sua beleza espiritual – seu amor. Logo após a entrada no seminário, Santiago nela encontra "um novo império"[66]: o amor assume o comando. Seu amor envolve não apenas Bento, como também Casmurro, Dona Glória, José Dias, Justina e os demais. Todos esses personagens sentem sua força; o conflito entre seus "cônjuges" é afetado por ele. Justina, apesar de seu cônjuge acrimonioso continuar a governá-la até o fim de seus dias, é "cativada", apaziguada e, finalmente, aposenta a língua ferina[67]. A flor que existe na Glória egoísta, supersticiosa, vã, gananciosa e dominadora é devolvida à vida. O exemplo mais notável é José Dias, que aparece inicialmente como um medíocre calculista em favor próprio, um "Iago", um "criador de caso"; mas seus interesses pessoais cedem passagem prioritariamente a sua dedicação aos Santiago e a Capitu. Sua derradeira vontade é ver "o céu azul" – o que o identifica definitivamente com o bem, a vida, o amor. Seu conflito tem início com o mal em vantagem e termina com o triunfo do bem. A estória de Santiago é o contrário. O Bento menino é predominantemente bom; a natureza o fez filho de uma boa moça que dedicou um grande amor a um bom homem, que foi o pai de Bento, uma mulher que ama seu filho, é gentil com seus parentes e dependentes, que ama Deus.

66. *Idem*, cap. LXXXIII.
67. *Idem*, caps. XXII, LXVI e CXXXIV.

Mas não é esta toda a herança de Santiago. Quando a estória tem início, o amor de Dona Glória é alguma coisa já morta: morreu parcialmente com seu marido, talvez mesmo antes, como insinua Santiago[68], e sua preocupação se resume a dinheiro e em controlar a vida dos outros. Ao vender a roça, ela vendeu juntamente a maior parte dos escravos, comprou outros, muitos dos quais manda às ruas para ganhar dinheiro para ela engraxando sapatos, biscateando, fazendo serviços de carga e coisas do tipo. Esta era uma prática repreensível no Brasil, como eram as operações de Simon Legree nos Estados Unidos. Ela tornou-se a si própria deliberadamente "velha" ("por mais que a natureza quisesse preservá-la da ação do tempo"), supervisionando o trabalho dos escravos na casa. Aplica em negócios imobiliários e outros investimentos lucrativos. E o que ela faz com o dinheiro? Dá alguns "cobres" a José Dias de tempos em tempos, dá a seu pobre irmão uma besta como montaria para que vá trabalhar, quando, ao que parece, seu peso e problemas de coração exigiriam de fato uma carruagem; convida raramente o padre Cabral para jantar; manda um ramalhete de flores para o funeral de Manduca. Mas o melhor exemplo de seu egoísmo é seu plano de fazer de seu filho um padre, de modo a mantê-lo consigo.

Ela fala em piedade, demonstra uma certa dose de temor supersticioso, mas evidências de caridade cristã em seus atos são bastante exíguas. Sua vaidade é indicada pelos amigos que reúne a sua volta: dois parentes dependentes, Padre Cabral, Dr. João da Costa, os Páduas – todos inferiores a ela em posição social, dinheiro e cérebro – que obedecem a seus conselhos, dizem-lhe somente "sim" e a cobrem de adulação. Ainda por cima, permite-lhes compará-la à Virgem Maria. Uma ponta de esnobismo é indicada

---

68. *Idem*, cap. VII.

por suas exclusividades ("O Canapé") e por recusar permissão a Bento de comparecer ao enterro de Manduca.

Além da fragrância prolongada de seu amor pelo marido e suas maneiras gentis, ela possui ainda outra grande virtude redentora: uma ingenuidade (exceto em questões de dinheiro), uma tendência a acreditar e confiar nas boas intenções dos outros. Foi esta a "brecha" pela qual o amor de Capitu entrou e ressuscitou a alma de Dona Glória.

Santiago é legítimo filho de sua mãe, como ele mesmo afirma, mas possui heranças de Cosme e Justina também – de um, o insulamento, a gula e sua tendência generalizada ao conforto físico; de outra, a inveja e o cinismo, a tendência a desconfiar das intenções dos outros. E seu caráter é indubitavelmente afetado pela inveja, ciúme, hipocrisia e errância do José Dias inicial, a obsequiosidade e vaidade de Cabral, a servidão dos escravos e pela naturalidade e calor dos Páduas, além da fé de Manduca.

É o próprio Santiago quem identifica seus cônjuges bom e mau com o adorável, ingênuo e cristão Bento e o insular, desconfiado e descrente Casmurro; é ele quem nos diz que Bento se transformou em Casmurro e, ainda, que Casmurro já se encontrava em Bento e finalmente dele emergiu. Pois, na maior parte do enredo, é Bento quem atua; Casmurro se automanifesta como "veleidades", desejos vagos, às vezes não tão vagos – como o desejo de dizer um palavrão ao Padre Cabral, de atirar José Dias na sarjeta, de sacudi-lo, de torturar sua mãe dizendo-lhe que não a ama mais, ama somente Capitu, de enterrar as unhas na garganta de Capitu e observar o sangue refluir até a morte, o desejo de ver a mãe morta, de matar Prima Justina. Finalmente, Casmurro abandona a simples dominação de Bento e emerge como homem de ação[69]. A partir desse ponto, os

69. *Idem*, cap. CXL.

papéis se invertem, em sua maioria; é Casmurro quem passa a atuar e Bento quem deseja e rememora.

Mas desde o início Bento e Casmurro constituem duas personalidades em luta uma com a outra. A ferocidade desse conflito e a força de Casmurro encontram-se indicadas na descrição do segundo ataque de ciúme de Santiago.

> [...] não escapei a mim mesmo. Corri ao meu quarto, e entrei atrás de mim. Eu falava-me, eu perseguia-me, eu atirava-me à cama, e rolava comigo [...]
> Da cama ouvi a voz dela [Capitu] [...] eu continuava surdo, a sós comigo[70].

A citação acima indica um conflito e a presença de duas pessoas. O que omiti da passagem revela a verdadeira natureza de Casmurro. Restauremos as omissões.

> Jurei não ir ver Capitu aquela tarde, nem nunca mais, e fazer-me padre de uma vez. Via-me já ordenado, diante dela, que choraria de arrependimento e me pediria perdão, mas eu, frio e sereno, não teria mais que desprezo, muito desprezo; voltava-lhe as costas. Chamava-lhe perversa. Duas vezes dei por mim mordendo os dentes, como se a tivesse entre eles.
> [...] eu continuava surdo, a sós comigo e o meu desprezo. A vontade que me dava era cravar-lhe as unhas no pescoço, enterrá-las bem, até ver-lhe sair a vida com o sangue...

Em outras palavras, Casmurro é rancoroso e vingativo. Percebemos, ainda, que o sacerdócio que Santiago associa todo o tempo a sua mãe, a Deus e ao *libretto* de Deus, não reflete nada disso: é justamente o oposto do amor; é a vida de Capitu sendo exaurida; é assassinato e vingança a sangue frio[71].

Quando o "novo homem de ação", Casmurro, emerge de Santiago, ele começa a pôr seus desejos em execução: rejeita o

---

70. *Idem*, cap. LXXV.
71. Cf. *Memórias Póstumas de Brás Cubas*, cap. LXIV, a respeito da ideia de que esquecer um objeto de amor é uma maneira de matá-lo.

O OTELO BRASILEIRO DE MACHADO DE ASSIS

amor de Capitu, recusa seus protestos, manda-a para longe e vive em reclusão[72]. Mas, observemos, não há nada de pio no claustro do Engenho Novo, nenhum arrependimento; ele come bem, dorme bem, vai ao teatro, tem companhia de alegres prostitutas, continua odiando Ezequiel, José Dias, o falecido Escobar, Capitu, até sua mãe, com um rancor frio e deliberado – isolado com seu escárnio e desdém.

Tão diferente é este novo Casmurro, dominado, daquele do antigo par casado em que Bento dominava, que o "grande prêmio" do destino representa, para este, a "morte": "Quando me achei com a morte no bolso senti tamanha alegria como se acabasse de tirar a sorte grande, ou ainda maior, porque o prêmio da loteria gasta-se, e a morte não se gasta"[73]. O amor, para ele, "foi gasto". Mais uma vez ficamos diante da verdadeira causa da tragédia de Santiago: sua capacidade de amar estava sujeita à morte. *Dom Casmurro* é, na essência, a mesma estória de *Ressurreição*.

Quando Félix, o herói desse romance, diz a Lívia que "abraçou uma serpente", ele diz a verdade, mas não da maneira como ele pensa: ele abraçou a morte. A morte, o leitor irá recordar, também abraçou Bento. E a morte, na forma de ciúme, enterrou suas "presas" nele. Não importa com que frequência seu amor ressurja, a morte pica novamente[74], pois a morte não se gasta. O tempo, "ministro da morte"[75], riscou as "aspirações e ressurreições" de Manduca[76]; o tempo destruiu as "pirâmides" e os "castelos no ar" (o amor de Bento por Capitu e Escobar)[77].

---

72. Há, portanto, um paralelismo entre o desejo do "pássaro da morte" emergindo de seu cérebro e o imerso Casmurro vindo à tona.
73. *Dom Casmurro*, cap. CXXXIV.
74. Cf. *Dom Casmurro*, cap. CVII: "com pouco derrubaria tudo".
75. *Memórias Póstumas de Brás Cubas*, cap. VI.
76. *Dom Casmurro*, cap. XCII.
77. *Idem*, caps. CIV, CXIV e CXVIII.

153

Observemos a relação entre vida e morte: é a mesma que entre bem e mal, Deus e o diabo. Cada um desses pares encontram-se em conflito. Mas o diabo, juntamente com o "teatro e os atores" da "ópera" de Marcolini, foram criados por Deus, ou, como ilustra o episódio Manduca, "Deus escreveu certo por linhas tortas". O mal é parte do bem. A morte é parte da vida, como afirma Santiago em dois diferentes momentos de sua narrativa. Seu comentário sobre o pássaro da morte, que bate as asas num esforço para esquecer seus pensamentos, é o seguinte: "A vida é tão bela que a mesma ideia da morte precisa de vir primeiro a ela, antes de se ver cumprida". E, após relembrar o derradeiro superlativo de José Dias, que, moribundo, olha para o céu azul e pronuncia "belíssimo", Santiago acrescenta: "[...] o último superlativo de José Dias [...] fez da morte um pedaço de vida".

9
LÁGRIMAS DE OTELO

O conceito de que a morte é parte da vida, e o mal, do bem, não é peculiar de *Dom Casmurro*. Encontra-se em toda a obra de Machado de Assis[1]. Porém, é este conceito que explica sua adaptação do *Otelo* de Shakespeare para *Dom Casmurro*. Recordando nosso simbolismo, o "destino, produtor-dramaturgo", na forma do "plagiário" de Machado de Assis, apresenta um *Otelo* – um *Otelo* modificado, mas não do modo sugerido por Santiago. Ele não criou uma Desdêmona culpada nem começou a peça pelo fim. Ele simplesmente dispôs as naturezas opostas de Iago e Otelo em um único homem. Não há nada de particularmente novo nisso. O próprio Shakespeare

---

1. Por exemplo, *Memórias Póstumas de Brás Cubas*, cap. VII; "Occidentaes: Uma Creatura" (*Poesias Completas*). (Nesse poema, não só a morte é parte da vida, como a vida é equiparada ao amor e a morte, ao amor-próprio.)
A utilização, da parte de Machado, da árvore como símbolo da vida, com pássaros (formas da morte) vivendo em seus galhos, proporciona novamente a imagem da morte como parte da vida.

faz isso em *Conto de Inverno*. E, como mencionado anterior-mente, muitos estudiosos veem Iago como um símbolo do mal em Otelo e em todos os homens; outros vão mais além, a ponto de argumentar que *Otelo* é basicamente uma peça sobre o mis-tério, com Desdêmona representando Cristo, Iago, o demônio, e Otelo, o homem. Esta interpretação também se adequa a *Dom Casmurro*, mas com uma nuança paradoxal, como é próprio de Machado de Assis.

Santiago, como vimos, associa Capitu a Satanás e a si mes-mo com Cristo. Também, por meio de alusões, associa o amor dela com Vênus e Tétis, divindades pagãs, além da heroína roma-na Lucrécia. Ele aponta a admiração de Capitu por Júlio César, sua vontade de aprender latim – para Bento, a língua de Pôncio Pilatos, posta sob controle pelas regras da gramática do Padre Pereira[2] – e questiona sua piedade. Da mesma maneira, associa Manduca ao diabo, ao estrume e aos turcos gentios, ao passo que Bento seria uma bela violeta da natureza, uma flor do céu, tomando o partido dos russos cristãos. O simbolismo do livro como um todo, todavia, conta uma outra estória.

Machado também associa Capitu com os pagãos, através de seu nome, e, nisso, seu amor torna-se o mais cristão possível. Pois Machado não vê os "seminários", a "Igreja", ou mesmo os "devotos" ou outras cerimônias e manifestações exteriores como necessariamente de acordo com o espírito de Cristo. Para ele, amor é amor, não importa do que se lhe chame. Poder-se-ia fazer uma comparação com a judia convertida de seu poema "A Cristã Nova" que, para se fazer realmente cristã, mente e diz ser judia[3]. Como escreve o autor Aires, criação de Machado em *Esaú e Jacó*, "[...] Deus é Deus; e, se alguma rapariga árabe

---

2. *Dom Casmurro*, cap. XXXVII.
3. "Americanas: A Cristã Nova" (*Poesias Completas*).

me estiver lendo, ponha-lhe Alá"[4]. O ponto é que o espírito de Cristo existia antes e independentemente de Cristo, que o amor engendra piedade, coragem, devoção, fé e todas as demais virtudes cristãs. O amor de Capitu, embora grande e belo, no início, continha alguns refugos, como vimos, de vaidade, ciúme e ambição egoísta; mas o amor nela fomentou o espírito de Cristo. No fim do livro, é Capitu, e não Santiago com suas numerosas orações, que encarna a caridade cristã: ela poupa Dona Glória e os outros, cria seu filho de modo a amar e admirar o pai – estes atos constituem uma mentira, mas, assim como a mentira da cristã nova e a de Desdêmona, no leito de morte, contêm cristandade – e ela própria continua a escrever cartas de amor a Santiago. Ela não tem rancor. Sua "flor" pode estar "lívida e solitária", mas não há vermes em seu coração. É Santiago quem é o descrente; ele ri de seu apego cristão, como Otelo escarnece Desdêmona. Capitu resume toda a verdade em suas últimas palavras: "[...] apesar do seminário, não acredita em Deus; eu creio..."[5].

Para reverter mais uma vez o simbolismo do nome de Capitu: o poema "Visão"[6], de Machado de Assis, explica como o capitólio, originalmente o lar da "águia romana" ("força e poder") é hoje o lar da "pomba cristã" ("amor"). É exatamente o que acontece no caso de Capitu: sua "águia" cede lugar à "pomba". Assim, o paradoxo desaparece, mas permanecendo em outro sentido.

Machado de Assis acreditava que a natureza humana, de modo geral, não muda muito rapidamente, nem sem conflito e regressões. Como ele observa em uma de suas colunas, "a civili-

---

4. *Esaú e Jacó*, cap. XXIX.
5. *Dom Casmurro*, cap. CXXXVIII.
6. "Phalenas" (*Poesias Completas*).

zação não é um passeio"[7]. O contexto dessa citação indica que ele não acredita que a civilização sempre caminha para a frente, mas por vezes regride, ou anda em círculos. Por isso, não encontramos em sua obra muita coisa no que respeita a satisfação janota com seu próprio século e país; e alguns de seus críticos têm tomado essa ausência como sinal de um pessimismo profundamente enraizado; contudo, sempre o encontramos olhando para o século seguinte com esperança[8], e não é muito usual associar esperança com pessimismo. É a sua própria época e país que ele espelha e critica em sua ficção. Pois é somente através do conhecimento do eu, Machado crê, que os seres humanos podem, com propósito e esforço, melhorar. Assim, encontramos em toda a sua obra, quase como um motivo, a ideia de que as restrições impostas pela sociedade brasileira do século dezenove, com sua tradição de devoção católico-cristã, fazendo-se passar por piedade cristã, não diminui a força da paixão humana, apenas modifica sua manifestação – e os novos meios de manifestação não são necessariamente mais aceitáveis que os anteriores.

Quando tinha vinte e cinco anos, por exemplo, ele entrou em atrito, em sua coluna semanal no *Diário do Rio de Janeiro*, com o jornal católico de Paris, *Le Monde*, devido a sua atitude com respeito à pena capital – que para Machado de Assis já devia ter sido abolida, para

acabar com a anomalia de manter uma lei de sangue em virtude da qual foi sacrificado o fundador das sociedades modernas [...]

[*Le Monde*] não quer a guilhotina por ser invento revolucionário, quer outro suplício de invento católico. A fogueira, por exemplo?

[*Le Monde*] entende que é impiedade matar com a guilhotina; o que [...] quer é que se mate mais catolicamente, com um instrumento das tradi-

---

7. *Gazeta de Notícias*, Rio de Janeiro, 8 de março de 1896 (*A Semana*, III). Cf. "Occidentais: O Desfecho" (*Poesias Completas*).
8. Carta a José Veríssimo, 5 de janeiro de 1900 (*Correspondência*).

ções clericais, e não com um instrumento de tradição revolucionária. Para [Le Monde] [...] a questão é simplesmente de forma; o fundo deve ser mantido e respeitado[9].

Esse sentimento é expresso artisticamente no conto "Entre Santos", no qual santos cristãos descem de seus altares e saciam suas vontades cruéis às custas de seus devotos. "E os outros santos riram efetivamente, não daquele grande riso descomposto dos deuses de Homero, quando viram o coxo Vulcano servir à mesa, mas de um riso modesto, tranquilo, beato e católico".

Em ambas as instâncias, observamos uma brutalidade primitiva, natural e pagã direcionada contra uma crueldade moderna, refinada e católico-cristã. Cristianismo é utilizado como sinônimo de "repressão", com todas as implicações possíveis quanto a hipocrisia e calculismo, e o paganismo torna-se sinônimo de "naturalidade", "espontaneidade", "ingenuidade".

Em Dom Casmurro, Bento é identificado com o cristianismo por meio de seu nome, do voto de sua mãe, de sua educação, de suas orações, de sua demonstração de devoção e assim por diante; ele chega a tentar sublimar sua lua de mel em um rito místico e paradisíaco. Mas nós devemos considerar também a atitude em que primeiro o encontramos, espiando atrás da porta; devemos considerar a segunda vez em que o encontramos na mesma situação – após celebrar os louvores no funeral de Escobar. Sua situação, ele nos diz, é pior do que a de Príamo, que beijou a mão do assassino de seu filho, pois ele, Santiago, não lamenta nem chora o amigo porque as lágrimas dos Príamos modernos "são enxugadas atrás da porta, para que as caras apareçam limpas e serenas; os discursos são antes de ale-

---

9. "Ao Acaso", Diário do Rio de Janeiro, 10 de julho de 1864 (Chronicas, II). Cf. Machado de Assis, Adelaide Ristori: Folhetins, Rio de Janeiro, Academia Brasileira de Letras, 1955, pp. 20-21, 46.

gria que de melancolia, e tudo passa como se Aquiles não matasse Heitor"[10].

Mais uma vez depreende-se que tudo passa como se Aquiles não matasse Heitor. Enxugadas todas as lágrimas, a paixão permanece em seu coração, brutal, resistente, terrível. Nosso Príamo reprimido, cristão, reclama a si mesmo: o antigo Príamo perdoou o assassino de seu filho; nosso Príamo moderno exige uma vingança mais cruel que a tirada sobre Heitor pelo selvagem Aquiles. Eis o paradoxo de Machado. O amor de Capitu, sendo pagão – natural, espontâneo, não-reprimido – é o mais puro, o mais cristão. A repressão de Santiago transforma seu amor em amor-próprio não-cristão, vaidade ofendida, desejo e ódio. Em *Ressurreição*, Machado de Assis afirma abertamente qual amor deve haver e qual não: "Duas faces tinha o seu espírito [o de Félix] [...] uma natural e espontânea, outra calculada e sistemática"[11].

Machado de Assis estendeu o significado contido em "pagão" de modo a incluir o paganismo ressurrecto, as paixões da Renascença, como vistas nas peças de Shakespeare. Poder-se-ia dizer que seu esporte favorito é colocar os personagens de Shakespeare perdidos nas praias da Guanabara e observar seus esgares. Citarei um exemplo, que mostra claramente o que Machado acreditava acontecer às paixões renascentistas quando sujeitas à influência católico-cristã portuguesa do Brasil do século dezenove.

Em seu último romance (*Memorial de Aires*), Machado não somente experimenta uma trama intrincada, à maneira de Shakespeare, como uma dessas tramas é a estória de um Romeu e Julieta à brasileira. O velho Aires, o narrador do romance, refe-

---

10. *Dom Casmurro*, cap. CXXV.
11. *Ressurreição*, cap. I.

re-se a eles como tais, bem como a seus respectivos pais, inimigos políticos, como "Montéquio" e "Capuleto". Há o amor à primeira vista, no teatro. Seguem-se as ações tirânicas do Barão Santa Pia (Capuleto), que "prefere ver a filha morta a seus pés, ou louca, do que ter seu sangue misturado com o dos Noronhas (Montéquios)". A "Senhora Capuleto", inicialmente do lado do marido. Fidélia (Julieta), trancada em seu quarto, chorando copiosamente e encenando uma greve de fome, com a simpatia dos servos. Campos, irmão do Barão Santa Pia, como o príncipe Escalus de Verona, tenta conciliar as duas famílias, *et cetera, et cetera*. Mas o desfecho é bem diferente daquele de *Romeu e Julieta*, porque as paixões dos protagonistas não se inflamam em violência de vida curta. Neste exemplo, a Senhora Capuleto, preocupada com a saúde da filha, persuade seu senhor a permitir o casamento da filha com seu Romeu. Ele assim o faz, mas com a ordem de que ela nunca mais ponha os pés naquela casa. Eduardo (Romeu) é igualmente renegado pelo pai. Contudo, a felicidade do jovem casal é breve. Eduardo morre, de causas naturais, ao fim de um ano. Durante três anos, Fidélia guarda a sepultura de seu Romeu. Por sete anos, ela e o pai, além do sogro, permanecem brigados, até que o velho Capuleto Santa Pia se deite no leito de morte, ainda adamantino em suas convicções políticas, recalcitrante contra as ordens do Estado (com respeito à emancipação) e irredutível quanto a sua filha, ao falecido Romeu e ao velho Montéquio; e assim morre, com um gesto vago de perdão a sua filha, embora Campos (príncipe Escalus) tenha feito de tudo para conseguir uma reconciliação. Imediatamente após o funeral, esta doce, mas cabeça-dura, Julieta do Rio põe o retrato de seu pai e o de Romeu justapostos sobre a lareira. Como ela explica a Aires, "[...] agora que a morte os reconciliou, quer reconciliá-los em efígie". E Aires, sarcasticamente, profetiza: "Daqui a cinco anos, ela mandará transferir os ossos do pai para a cova do marido, e os conciliará na terra uma vez que a eternidade os conciliou já"[12].

Nesta estória, a polida, embora obstinada, e persistente paixão dos brasileiros refinados e cristãos do século dezenove, descendentes dos conquistadores portugueses, resulta em comédia. No caso de Santiago, resulta em tragédia.

O ciúme de Santiago em relação a Capitu insurge pela primeira vez aos quinze anos de idade – quando deseja enterrar as unhas em sua garganta e observar o sangue refluir até a morte. Porém, ele espera mais quinze anos para tirar sua vingança, então sem derramamento de sangue, um ato vingativo "modesto, tranquilo, beato e católico", uma vingança século dezenove, civilizada, muitas vezes mais cruel que a de Otelo. A paixão de Santiago, embora tão intensa quanto a de Otelo, não explode em incêndio cego e ardente: queima em combustão lenta e inextinguível que encarquilha e embrutece a parte generosa de sua natureza até que não reste o menor rastro de Bento, e ele seja todo de Casmurro. O ciúme de Otelo o transforma em mouro; o de Bento o transforma em "casmurro". Pois, creio eu, há um trocadilho de Machado de Assis nessa palavra: a palavra inglesa "Moor"* e a sílaba intermediária de "casmurro" possuem praticamente o mesmo som. Para todos aqueles que apreciam jogos com palavras, como Machado, tal trocadilho não é absolutamente impossível – ao contrário, chega a ser irresistível e, nisso, ele faz uso de um modelo do próprio Shakespeare, que faz trocadilhos com a palavra "Moor" mais de uma vez[13].

A tragédia de Santiago, como a de Macbeth ou Otelo, provém de uma falha em uma natureza, de outra forma, nobre; mas

---

12. As anotações de Aires em 4 de setembro de 1888. Aires escreve longamente sobre sua persistência.

* "Moor" – mouro (N. do T.).

13. *O Mercador de Veneza*, III.vv.44-47; *Tito Andrônico*, IV.ii.51-54.

O OTELO BRASILEIRO DE MACHADO DE ASSIS

sua queda é diferenciada. A alma de Otelo desce ruidosamente para o inferno, onde, quem sabe, tenha sido redimida pela bondade de Desdêmona e por seu amor por ela. Bento Santiago não morre, mas, como o Édipo de Sófocles, sofre "uma espécie de obliteração, uma separação de sua própria vida passada e da vida dos outros homens"[14] – ele se torna "casmurro". Assim, a catástrofe de *Dom Casmurro* não é shakespereana, mas sofocleana.

Esta espécie de "plagiato" múltiplo faz parte do credo e da prática artística de Machado de Assis. Como ele escreve em uma de suas colunas:

> Sei que a história não se repete. A Revolução Francesa e *Othelo* estão feitos; nada impede que esta ou aquela cena seja tirada para outras peças, e assim se cometem, literariamente falando, os plágios[15].

Machado de Assis não limita suas "tiradas" a Shakespeare e aos gregos, nem à Revolução Francesa. Pois, apenas em *Dom Casmurro*, ele bebe muito em Montaigne e na Bíblia, e empresta cores de Fielding, Sterne e outros autores; mas nenhum desses empréstimos alcança a significância do elemento shakespereano, que é essencial.

14. C. M. Bowra, *Sophoclean Tragedy*, Oxford, Clarendon Press, 1944, p. 359. Acrescente-se que todo o desenvolvimento da trama de *Dom Casmurro* é sofocleano: cf. Bowra, *op. cit.*, p. 15, "As the drama develops, the nature of the problem becomes clearer, and eventually we know what it is". Cf. Barreto Filho, *Introdução a Machado de Assis*, Rio de Janeiro, Agir, 1947, p. 194.
15. "A Semana", *Gazeta de Notícias*, 28 de julho de 1895 (*A Semana*, II).

10
SHAKESPEARE SOB O CRUZEIRO DO SUL

 capítulo final de Santiago, que tem sido comparado a um sumário do advogado para o júri, também traz à mente uma fala de Otelo –

Docemente;
Uma palavra ou duas antes de irdes.
Prestei alguns serviços à República,
o que é sabido. Mas sobre isso, basta.
Peço-vos por favor que em vossas cartas,
ao relatardes estes tristes fatos,
faleis de mim tal como sou, realmente,
sem exagero algum, mas sem malícia.
Então a alguém tereis de referir-vos
que amou bastante, embora sem prudência;
a alguém que não sabia ser ciumento,
mas, excitado, cometeu excessos.

Daí em diante, obviamente, as analogias cessam: Santiago não se arrepende nem admite erro.

HELEN CALDWELL

Mas há uma outra alusão, talvez mais significativa, neste último capítulo – em seu título "É Bem, e o Resto?" e no jogo com as palavras "resto" e "restar". Podemos apenas especular sobre a conotação que se associa à expressão "o resto" na mente de Santiago; em Machado de Assis, velho amante de Shakespeare que era, não há muito espaço para dúvidas: ele jogou com essa expressão diversas vezes: "o resto é certo"[1], "o resto é sabido"[2], "o resto está em Victor Hugo"[3], "o resto é relativo"[4], "the rest is silence"[5]* – as últimas quatro palavras finais e misteriosas de Hamlet a Horácio.

O fato de que para Santiago o resto *não* seja "silêncio" não diminui a força da alusão. Tampouco o fato de que Santiago defina "o resto" em termos relativos a Capitu, embora, à primeira vista, possa parecer que sim. "O resto", de acordo com Santiago, é que a Capitu dissimulada do início está contida na Capitu dissimulada do final**, como o fruto dentro da casca, que o fruto verde amadureceu ou, tornando-o mais literal, que sua tendência para o logro cresceu e culminou em crime. Se isto é "o resto", toda a estória se torna o relato da traição do adorável Bento por Capitu, cujo título poderia ser *Capitu* ou *Olhos de Ressaca* ou *A Cigana Dissimulada*. Mas o título é *Dom Casmurro*, e com toda a razão.

Retomemos a alusão. Hamlet é um homem no qual as forças da brutalidade, do ódio e da desconfiança lutam contra as

1. *Esaú e Jacó*, cap. XXVIII.
2. "A Semana", *Gazeta de Notícias*, Rio de Janeiro, 14 de julho de 1895 (*A Semana*, II).
3. "A Semana", *Gazeta de Notícias*, 6 de agosto de 1893 (*A Semana*, I).
4. *Diário do Rio de Janeiro*, 5 de setembro de 1864 (*Chronicas*, II).
5. "A Semana", *Gazeta de Notícias*, 29 de dezembro de 1895 (*A Semana*, III).
*   "O resto é silêncio" (N. do T.).
**   Aqui, parece que a autora comete uma inversão acidental; na verdade, é a Capitu do fim da narrativa que, segundo Santiago, está presente já na Capitu menina (N. do T.).

forças da delicadeza e do amor, sendo que a brutalidade e o ódio vencem, pelo menos temporariamente. Permitam-nos aplicar a definição de Santiago de "o resto" a ele mesmo: Dom Casmurro já se encontrava em Bento como a podridão na semente de um bom fruto; a podridão cresceu até vazar a casca. Santiago utiliza tal metáfora ao descrever sua repentina mudança para homem de ação: "Acaso haveria em mim um homem novo, um que aparecia agora, desde que impressões novas e fortes o descobriam? Nesse caso, era um homem apenas encoberto"[6].

Santiago não descreve somente a emergência do cruel homem de ação desde dentro de si mesmo; ele se refere diretamente à transformação de Bento em Dom Casmurro em inúmeras ocasiões[7]. E nos dois primeiros capítulos, que, cronologicamente, seguem a todos os demais, ele afirma ser Dom Casmurro, dá sua própria interpretação atenuada do epíteto e, ainda, fornece uma clara ilustração do que "casmurro" realmente significa. Ele demonstra seu isolamento, sua desconfiança cínica e sua frieza em relação a todas as afeições humanas: através de suas observações a respeito do vizinho com pretensão a poeta – "E com pequeno esforço, sendo o título seu, poderá cuidar que a obra é sua"; através de seu chiste sarcástico às custas dos velhos amigos, que foram estudar a geologia dos cemitérios e de cujas perdas ele "se consola mais ou menos"; através de seu insolente apreço por prostitutas; através de sua referência à morte de Bento, cheia de desdém – "falto eu mesmo [...]. O que aqui está é, mal comparando, semelhante à pintura que se põe na barba ou nos cabelos, e que apenas conserva o hábito externo, como se diz nas autópsias". Apesar de ter perdido a família e os amigos,

---

6. *Dom Casmurro*, cap. CXL. Cf. G. Wilson Knight, *Principles of Shakespearean Production*, Harmsworth, Middlesex, Penguin Books, 1949, p. 125; e H. D. F. Kitto, *Form and Meaning in Drama*, London, Methuen, 1956, cap. 9.
7. Por exemplo, *Dom Casmurro*, cap. CVIII.

e mesmo a sua melhor natureza, ele "come bem" e "não dorme mal".

Logo no início do livro, ele dá uma ilustração de seu "par casado" de "pecado e virtude" – ódio brutal e adorável docilidade[8]; e quer-nos convencer de que é constituído de uma mescla de bem e mal, sendo que o bem guia suas ações e o mal se manifesta somente por meio de desejos doentios. Mas no capítulo ulterior citado acima (CXL), é o "homem submerso" (ou seja, as vontades do mal) que toma conta e entra em ação. Como o Hamlet poeta-amante torna-se o Hamlet assassino, igualmente o doce Bento se torna "casmurro". Não será na verdade isto "o resto"? Colocando Iago e Otelo no mesmo homem, Machado de Assis criou um Hamlet. Félix, de *Ressurreição*, é criado mais ou menos pela mesma fórmula. Para evitar que Machado, ou eu, pareça estar mesclando *Hamlet* e *Otelo* de maneira injustificada, devo mencionar que tal coisa é prática corrente em círculos shakespeareanos[9].

Em que momento o Casmurro em Bento – como o Mr. Hyde em Dr. Jekyll, de *O Médico e o Monstro* – ergue pela primeira vez sua cabeça horrível? Acredito que no capítulo intitulado "Uma Ponta de Iago". Pode parecer, ali, que o Iago referido trate de José Dias, devido a sua observação de que Capitu continua alegre e feliz, esperando o momento de agarrar um dos jovens aristocratas elegíveis da vizinhança, o que desperta o fio do ciúme de Bentinho. Mas nós já vimos que José Dias não passa de um Iago

8. *Idem*, cap. LXVIII.
9. Por exemplo, Harold C. Goddard, *The Meaning of Shakespeare*, Chicago, University of Chicago Press, 1954, pp. 455-457 e 500; G. Wilson Knight, "Myth and Miracle", em seu livro *The Crown of Life*, London, Methuen, 1948, pp. 10-11 e 20. Ainda em 1866, Machado fundia Otelo e Hamlet, porém comicamente, no conto "Astúcias de Marido" ("Desde então a questão de Otelo entrou no espírito de Valentim e fez cama aí: ser ou não ser amado, tal era o problema").

interrompido e, no capítulo citado, ele parece totalmente desatento ao efeito de seu comentário. É Santiago quem repete o infeliz comentário a si mesmo, que o analisa, dá-lhe forma visual, o aumenta, tece especulações. Em suma, é Santiago quem exerce o papel de Iago para si mesmo, se envolvendo num transe ou delírio semelhante ao de Otelo ao ser instigado por Iago.

O Iago do título, então, se refere claramente a Santiago e à desconfiança e ciúme nele contidos. E quanto à palavra "ponta"? "Ponta" significa "extremidade". Num significado secundário é "traço" ou "rastro", e talvez seja esta a significação adequada ao presente caso. Mas "ponta", em seu significado original de "extremidade", é utilizado eufemisticamente como substituto de "corno" ("chifre", como o de um animal ou do diabo), que, de acordo com o Caldas Aulete, cujo dicionário era utilizado por Machado de Assis[10], "é termo excluído da conversação polida". O próprio Machado utiliza "ponta" nesse sentido no romance que precedeu *Dom Casmurro*, na descrição da tentativa do herói de seduzir a esposa de seu amigo.

> Disséreis que o Diabo andara a enganar a moça com as duas grandes asas de arcanjo que Deus lhe pôs; de repente, meteu-as na algibeira, e desbarretou-se para mostrar as duas pontas malignas, fincadas na testa[11].

Se a "ponta" do título significa "chifre", Santiago identifica seu ciúme não somente com Iago, mas também com o diabo*.

---

10. Em "A Semana", *Gazeta de Notícias*, 25 de novembro de 1894 (*A Semana*, II), Machado cita Caldas Aulete como uma autoridade por abonar a grafia *pique--nique*.

11. *Quincas Borba*, cap. XL. Cf. a coluna de Machado "Ao Acaso", no *Diário do Rio de Janeiro* de 31 de janeiro de 1865 (*Chronicas*, II): "O diabo cortou as pontas e lançou a cauda ao fogo..."

* Embora conste no Caldas Aulete ("*Pleb.* Marido a quem a mulher é infiel"), escapa à autora, possivelmente por se tratar de uma motivação cultural, a acepção de "traído" contida na expressão "corno" ou "chifrudo". Assim, haveria não uma, mas uma justaposição de duas imagens: a de Iago, ou o diabo,

O Iago de Shakespeare é identificado com as forças das sombras; o próprio Iago reconhece a correlação[12]. E, como mencionamos anteriormente, Iago é geralmente visto como uma personificação do mal, sendo que inúmeros estudiosos consideram *Otelo* uma peça do mistério, com Iago atuando no papel do demônio.

Mas Iago não está sozinho: existem outros personagens de Shakespeare em contato com as forças sobrenaturais do mal: Macbeth, por exemplo. E também encontramos alusões a *Macbeth* em *Dom Casmurro* – não só alusões, como todo o maquinismo sobrenatural. Mais uma vez, o "plágio" não é simples. A "estória" de Santiago é posta em andamento com uma citação do *Fausto* de Goethe: "Aí vindes outra vez, inquietas sombras?" Essa citação, seguida de perto pela alegoria da "ópera", com seus colóquios no céu entre Deus e Satanás, dá a impressão de que Santiago talvez se identifique com o Fausto e sinta que vendeu sua alma ao diabo. Sua ideia fixa de "empenhar a alma" realça essa impressão. Que Machado de Assis associa essas linhas de Goethe com vítimas de assassinato parece claro, não somente em *Dom Casmurro*, mas também devido a sua referência a elas na conclusão de algumas reflexões satíricas sobre boticários que mandam clientes para a cova trocando o rótulo de recipientes[13]. E que sua imaginação associa a estória do Fausto com Shakespeare fica evidente por meio de outra coluna jornalística, na qual faz um relato capcioso sobre um em-

---

como quer Helen Caldwell, e a de "marido/amante traído", concretização figurativa dos sentimentos de Bento Santiago naquele momento, formando um intertexto entre dois registros da cultura: um erudito, nas figuras de Iago e Mefistófeles (e Machado cita o *Fausto* de Goethe em sua apóstrofe "aí vindes outra vez, inquietas sombras"), e outro popular, na figura do "corno" (no caso de Bento Santiago, nada de "manso") (N. do T.).

12. Por exemplo, *Othello*, I.iii.409-410; II.iii.359-362.

13. "A Semana", *Gazeta de Notícias*, 15 de novembro de 1896 (*A Semana*, III).

O OTELO BRASILEIRO DE MACHADO DE ASSIS

presário de ópera italiano – um ex-seminarista – que vende sua alma (no caso, sua companhia) ao diabo, engana seus signatários do Rio de Janeiro, arrepende-se e vira um monge. A pequena sátira conclui-se da seguinte maneira:

> Esta história, que começa numa simples palestra no Rio de Janeiro e acaba com a entrada vertiginosa no convento dos mendicantes; o pacto com Satanás, o arrependimento, o remorso, a recusa dos cabedais e do poder, há em tudo isso uma cor shakespeareana, uma feição trágica. Não inspirará este assunto alguma coisa aos nossos poetas dramáticos? Já daqui imaginamos o efeito que há de tirar disto algum Shakespeare do futuro. Variedade de cenário: Nápoles, Rio de Janeiro, Buenos Aires; tarantelas e seguidilhas; modinhas e cantochão. Satanás empresário; um empresário monge; o real e o sobrenatural. Ah! se o divino autor de *Hamlet* pudesse ler um caso assim na crônica da idade média![14]

Vemos aqui um pouco da mesma composição de *Dom Casmurro*: o Rio de Janeiro, um ex-seminarista, Fausto, ópera e Shakespeare.

Voltando a Macbeth: ele também, num certo sentido, vende sua alma ao diabo; além disso, ele é assombrado por, no mínimo, um fantasma. *Macbeth* é um estudo do malvisto através de um estudo do assassínio. *Dom Casmurro* contém um rastro de *Macbeth*: pois também é um estudo do malvisto através de um estudo do assassínio, mesmo não havendo derramamento de sangue nem a punição sangrenta do criminoso. Observemos o motivo desse *Macbeth* – ou, melhor, desse *Fausto-Macbeth*. *Macbeth* abre com as linhas

> *Primeira Bruxa* Quando estaremos de novo a falar?
> Se chuva, trovão ou raio se escutar?

---

14. "O Caso Ferrari", *O Cruzeiro*, Rio de Janeiro, 21 de maio de 1878 (*Crítica Theatral*).

Segunda Bruxa Quando finda estiver a baralha
E perdida e ganha esta batalha*.

De acordo com L. C. Knights[15], tanto "baralha" quanto "e perdida e ganha esta batalha" sugerem o tipo de cara ou coroa metafísica prestes a ser disputada entre o bem e o mal, e a linha 11, "O belo é feio e o feio é belo" é a primeira declaração de um dos principais temas da peça, o da "reversibilidade dos valores". Comparemos a estas linhas das bruxas de Macbeth o segundo dos dois versos que vêm "misteriosamente" à mente do jovem Santiago[16]: "Perde-se a vida, ganha-se a batalha!" – cujo sentido ele alterna pela transposição de duas palavras: "Ganha-se a vida, perde-se a batalha!" Não se trata do mesmo tipo de duplo-sentido profético de "e perdida e ganha esta batalha"?

Assim como as bruxas deludem Macbeth com boas notícias e profecias propícias, as bruxas de Santiago fazem o mesmo:

[...] ia pensando na felicidade e na glória. [...] Uma fada invisível desceu ali, e me disse [...] "Tu serás feliz, Bentinho!" [...] muita vez a ouvi clara e distinta. Há de ser prima das feiticeiras da Escócia: "Tu serás rei, Macbeth!" – "Tu serás feliz, Bentinho!" Ao cabo, é a mesma predição, pela mesma toada universal e eterna. [...] ouvi [...] José Dias: "... Há de ser feliz" [...] Não ouvi o resto. Ouvia só a voz da minha fada interior, que me repetia já então sem palavras: "Tu serás feliz, Bentinho!" E a voz de Capitu me disse a mesma cousa, com termos diversos, e assim também a de Escobar [...]. Enfim, minha mãe [...] deu-me igual profecia, salva a redação própria de mãe: "Tu serás feliz, meu filho!"[17]

Aqui também sua linguagem ecoa *Macbeth*:

---

* Traduzido por mim (N. do T.).

15. L. C. Knights, *Explorations*, London, Chatto & Windus, 1946, pp. 18-19.

16. *Dom Casmurro*, cap. LV.

17. *Idem*, cap. C.

Terceira Bruxa. Viva Macbeth, que há de ser rei mais tarde!
[...]
Banquo. Chegareis a rei.
Macbeth. E assim, thane de Cawdor. Não foi isso?
Banquo. Esse, o tom e as palavras.

Como no caso de Macbeth, tudo e todos conspiram a favor da felicidade de Santiago, mas sua paixão má transforma a felicidade prometida em autodestruição e uma atmosfera de superstição, culpa e danação invade o romance. Além das bruxas proféticas de Santiago, há uma estranha semelhança entre Capitu e a mãe de Sancha, e entre Ezequiel e Escobar. Mas, para Santiago, o belo é feio e o feio é belo. O belo Ezequiel se parece feiamente com Escobar. Há o belo-feio José Dias, a bela-feia Capitu; existe também o belo Bento que se transforma no feio Casmurro: seu nascimento milagroso não o impede de perder sua alma, como as "predições" sobre a vida de Macbeth não o impedem de perder a vida (e a alma). Assim como Macbeth perde o "áureo conceito junto de toda gente", "os pensamentos de ouro [de amor] de Santiago se tornam cinzas". Há ainda os sentimentos de culpa e os pensamentos de danação de Santiago[18]. Paira sobre sua determinação de matar um abatimento sobrenatural[19], que aparece como um grande pássaro sombrio de mau augúrio numa sexta-feira, o dia da crucificação de Cristo. Há o sabá de suas bruxas animando o crime e comprando o veneno. E, finalmente, há os fantasmas que o assombram.

Hamlet também foi levado ao crime por influência sobrenatural. Santiago, como Hamlet, se encontra sob o comando do sobrenatural: Hamlet, de seu "santo" pai; Santiago, de sua "santa" mãe. Assim como Hamlet obedece e leva a cabo as or-

18. *Idem*, caps. XXXI, LXVII-LXVIII, XCI e CXIV.
19. *Idem*, caps. CXXXIII-CXXXIV.

dens do fantasma de seu pai por injunção divina, igualmente Santiago vê o juramento egoísta de sua mãe com temor supersticioso e é por ele dominado, embora, na realidade, seu anjo bom seja o amor de Capitu.

Portanto, ao mesclar *Otelo*, *Hamlet* e *Macbeth*, Machado de Assis introduz a si próprio nas fileiras dos estudiosos modernos de Shakespeare – nas quais uns identificam uma similaridade de tema entre *Hamlet, Macbeth* e *Otelo*[20]; outros chamam de "irmãos imaginários" Hamlet e Macbeth[21]; outros ainda relacionam *Troilus e Créssida, Medida por Medida, Hamlet* e *Otelo*[22]; e assim por diante[23].

Machado de Assis não limita seu "plágio" a essas três grandes tragédias. Ele "empresta" ainda duas pinceladas de *Romeu e Julieta* e uma boa dose de *Conto de Inverno*. Quando Capitu entra na estória, sua idade é a mesma de Julieta, e seu Otelo é apenas um ano mais velho. A descrição de seus olhos por Santiago lembra as linhas: "Minha bondade é como o mar: sem fim/ e tão funda quanto ele. Posso dar-te/ sem medida, que muito mais me sobra:/ ambos são infinitos" e "Pois teus olhos, a que de mar eu chamo,/ fluxo e refluxo mostram, só de lágrimas"[24].

A naturalidade e ausência de embaraço de Capitu a respeito do beijo – que tanto surpreendem Bento – são de Julieta. E a rapsódia de Santiago, "estava assim diante dela como de um

20. Kenneth O. Myrick, "The Theme of Damnation in Shakespearean Tragedy", *Studies in Philology*, XXXVIII, 1941, 235-245; cf. S. L. Bethell, "Shakespeare's Imagery: The Diabolic Images in *Othello*", *Shakespeare Survey 5*, London, Cambridge University Press, 1952, pp. 71-72.

21. Goddard, *The Meaning of Shakespeare*, p. 496; Kenneth Muir, "Introduction", edição Arden de *Macbeth*, London, Methuen, 1953, pp. L-LI.

22. G. Wilson Knight, *The Crown of Life*, pp. 10-11.

23. A respeito da unidade de Shakespeare, consultar, em particular, o ensaio de T. S. Elliot sobre John Ford contido em *Selected Essays*, New York, Harcourt, 1950, pp. 170-180.

24. *Romeu e Julieta*, II.ii.133-135; III.v.133. Consultar a nota 49 do capítulo 8 deste estudo, a respeito do significado da idade de Julieta em Machado de Assis.

altar, sendo uma das faces a Epístola e a outra o Evangelho. "A boca podia ser o cálix, os lábios a patena", pode ser comparada ao diálogo entre Romeu e Julieta que começa assim: "Se minha mão profana o relicário/ em remissão aceito a penitência;/ meu lábio, peregrino solitário,/ demonstrará, com sobra, reverência".

Mesmo o "juramento do poço" deve ser derivado de *Romeu e Julieta*. E há grande possibilidade de que o "peguei-lhe no riso e na palavra"[25] de Santiago seja um eco de

> *Julieta.* [...] fica comigo inteira.
> *Romeu.* Sim, aceito
>   tua palavra. Dá-me o nome apenas
>   de amor, que ficarei rebatizado.

A Capitu das cenas finais lembra Hermione, de *Conto de Inverno*. E o ciúme de Santiago sustenta uma certa semelhança com o de Leontes. É autogerado e automantido como o de Leontes; é uma fornalha flamejante para a qual tudo serve de combustível – mesmo que não o seja. Por exemplo, a semelhança fortuita entre Capitu e a esposa de Gurgel, que deveria, de alguma forma, servir para a dissuasão de suas suspeitas, tudo o que faz é aumentá-las. Como Leontes, ele aceita suas imaginações ciumentas como fatos – em grau tamanho que Hermione protesta "Minha vida/ se acha a tiro, tão só, de vossos sonhos", ao que Leontes replica "Vossos atos/ são meus sonhos; sonhei que de Polixenes/ tivestes um bastardo" – o que poderia servir de mote para o romance. Como Leontes, Santiago também arrasta sua mulher para o tribunal de justiça; e as palavras patéticas de Hermione no julgamento, "sua coroa e máxima ventura –/ vossa confiança – dou como perdida,/ pois sinto que se foi, embora ignore/ como isso aconteceu", expressam o atordoamento

---

25. *Dom Casmurro*, cap. CII.

desarticulado de Capitu no *seu* julgamento. Como Leontes aprisiona Hermione, Santiago bane Capitu para a Suíça e põe um mercenário para assisti-la. E, então, vem a ressurreição. Leontes se arrepende e Hermione volta à vida. Santiago tenta reviver a Capitu morta, mas tudo o que consegue é um fantasma para assombrá-lo.

Apesar desses elementos de *Conto de Inverno*, *Romeu e Julieta*, *Macbeth* e *Hamlet* em *Dom Casmurro*, o romance permanece em essência a estória de um Otelo, como aponta Santiago. Inúmeras semelhanças com *Otelo* já foram observadas. Permitam-nos acrescentar alguns ecos típicos que ainda não foram tratados, recapitular outros que foram somente mencionados, e examinar cuidadosamente o que parece ser o grande ponto de divergência.

Há ecos de conceitos, frases ou turnos de diálogos, de caracteres e situações, e de humores – e combinações desses vários tipos de empréstimo. A "casa" de Santiago, por exemplo, tem um quê do "palácio" de Iago. "Dizer o que penso? Não, o teríeis por vil e falso[26]/ Qual é o palácio em que não se introduzem,/ por vezes, coisas sujas? E que peito tão puro pode haver [...]."

Os "mancebos ricos e de cabelos anelados" de Veneza cuja presença Desdêmona "evita" transformam-se nos "peraltas" do Rio de Janeiro que "fitam" Capitu. "Deixe ver os olhos, Capitu"[27], diz Bento, movido pelas insinuações de José Dias. "Mostrai-me os olhos", diz Otelo a Desdêmona. Iago chama Desdêmona de "veneziana astuta"; tanto ele quanto Brabantio advertem que "ao pai ela enganou"; Otelo a chama de "sutil rameira", "gabinete muito seguro, chave dos segredos mais íntimos" etc. José Dias, antes de aposentar suas funções de Iago, adverte Bento que os olhos de ciga-

---

26. Fragmento eliminado na tradução de C. A. Nunes. Traduzido por mim (N. do T.).
27. *Idem*, cap. XXXII.

na dissimulada de Capitu são coisa do demônio. Santiago ressalta como ela enganou os pais; e sua capacidade de dissimular e sua "arte fina" são matéria de constantes insinuações. Como Brabantio ("O pai dela me amava; convidou-me muitas vezes"), Pádua expressa uma afeição por Santiago e oferece-lhe especificamente a hospitalidade de sua casa[28]. Como Desdêmona[29], Capitu inicia o namoro – escrevendo seus nomes no muro e provocando o beijo. A aparente confissão de Desdêmona, "Ai de mim! Foi traído e estou perdida" é correspondida pelo olhar de relance de Capitu para a fotografia de Escobar – que, segundo Santiago, foi "confissão pura". As lágrimas de Desdêmona pela (suposta) morte de Cássio levou Otelo ao arrebatamento de fúria final, "Sai, prostituta infame! Vais chorá-lo na minha frente?" As lágrimas de Capitu pela morte de Escobar espicaçou a inexorável determinação de Santiago por vingança. A descrição de Santiago de seus irracionais acessos de ciúme,

> Não é mister pecado efetivo e mortal, nem papel trocado, simples palavra, aceno, suspiro ou sinal ainda mais miúdo e leve[30] [...] uma palavra dela sonhando[31] [...] o menor gesto me afligia, a mais ínfima palavra, uma insistência qualquer[32].

recorda Iago com suas "ninharias leves como o ar", as intrigas que tece com aquilo que inventa que Cássio falou enquanto dormia, e a insistência de Desdêmona em obter o perdão de Cássio. "Não a matei [Justina] por não ter à mão ferro nem corda, pistola nem punhal", diz Santiago[33]; e Otelo diz: "Se cordas ainda houver, facas, veneno,/ fogo ou água asfixiante, então não hei

28. *Idem*, caps. XV, XXX e LII.
29. *Otelo*, I.iii.164-166.
30. *Dom Casmurro*, cap. CVII.
31. *Idem*, cap. CXL.
32. *Idem*, cap. CXIII.
33. *Idem*, cap. LXXXI.

de/ suportar esse insulto". "Por que casei?", pergunta-se Otelo; e Santiago: "Ah! por que não cumpri esse desejo? [o desejo do tio de vê-lo papa]". "A noite toda dormia bem", observa Otelo, "comia bem", "livre me achava e alegre"[34]. E Santiago, "como bem, e não durmo mal".

Deve-se indicar, ainda, que a dúvida de Otelo quanto ao amor de Desdêmona já existia antes mesmo de Iago começar com suas manipulações diabólicas (II.I.92-196; II.III.90-92). E não é só Iago que utiliza o lenço como principal instrumento para torturar Otelo; o próprio Otelo "perde" o lenço, o dota de propriedades mágicas e o relaciona a seus pais. Da mesma forma, Santiago é o primeiro a notar a semelhança entre Escobar e Ezequiel; ele segue sua crença supersticiosa de que os filhos devem se parecer com os pais[35] e enche essa crença de importância mística. A atitude de Desdêmona, assim como a de Capitu, quando deparada com a "perda do lenço", e a misteriosa culpa vinculada daí em diante, é de confusão impotente e atordoamento.

A imagética da tempestade e do naufrágio em *Otelo*, discutida tão frequentemente por estudiosos de Shakespeare[36], é utilizada e explicada por Santiago[37].

A ironia das orações e juramentos de Otelo ao "marmóreo" firmamento, bem como de chamar Desdêmona de pecadora, "demônio" e "danada", ao passo que arquitetava sua própria danação, encontra-se refletida em Santiago, que, como vimos, relaciona Capitu com o diabo e duvida de sua fidelidade, ao passo que ora e associa a si mesmo com Deus, procedendo à lenta destrui-

34. *Othello*, III.iii.341.
35. *Dom Casmurro*, cap. XCIX.
36. Por exemplo, G. Wilson Knight, *The Shakespearean Tempest*, London, Methuen, 1953, pp. 179-183; G. Wilson Knight, *Principles of Shakespeare Production*, pp. 96-97; Goddard, *The Meaning of Shakespeare*, pp. 465-469.
37. *Dom Casmurro*, cap. CXXXII.

ção de seu amor – o que havia de cristão nele próprio. São Desdêmona e Capitu que demonstram humildade e perdão cristãos: Desdêmona, em suas derradeiras palavras, "Ninguém; eu mesma [me matei]. Adeus! Faze que sempre/ de mim se lembre meu querido esposo"; e Capitu em suas injuções ao filho – "A mãe falava muito em mim, louvando-me extraordinariamente como o homem mais puro do mundo, o mais digno de ser querido"[38]. Há a ironia relacionada, ou paralela, de "derrotar os turcos", ou mouros, pois tanto Shakespeare quanto Machado de Assis usam indiscriminadamente os dois termos. Como Otelo, Santiago luta ao lado dos cristãos (russos) contra os turcos, mas, também como Otelo, sua paixão o transforma em mouro – um mouro ainda mais ciumento, ainda mais vingativo.

Otelo vive pela espada; seu caminho é o da violência. Sob o conjuro de sua paixão ciumenta, ele incita a si mesmo com palavras de sangue e crueldade; mas quando passa à ação, executa-a de forma rápida, clemente e impassível. Embora tenha sido iludido por Iago, ele age, como supõe, com justiça.

Como Otelo, Santiago tem ideias sangrentas, como enterrar as unhas na garganta de Capitu; matá-la, bem como a Ezequiel, através de lenta tortura; envenenar Capitu e Ezequiel, e a si mesmo. Mas não existe violência física em sua formação. Ele sequer pode ver sangue – mesmo o de um rato; não pode envenenar um cachorro. Seus homicídios são de ordem neurótica – desejos ou esquecimentos, isto é, exclusões de seu amor. Porém, mesmo seu desejo de vingança é maior que o de Otelo, assim como seu ciúme é maior, mais ramificado, com mais motivações, pois, além da força da repressão, Iago se encontra dentro dele, e também o ciúme de Iago, além do ciúme de Otelo, deve ser satisfeito. Os planos de vingança de Iago são frios e calcula-

---

38. *Idem*, cap. CXLV.

dos; igualmente os de Santiago, à medida que o Iago de sua natureza vai ganhando terreno. O capítulo "A Mão de Sancha" e o jogo com a palavra "contradança" chega a lembrar a vontade de Iago de emparelhar consigo "mulher por mulher". Após a morte de Escobar, são os pensamentos dos dois, Otelo e Iago, que dia e noite planejam a vingança. O resultado: uma vingança mais terrível e completa que a ameaça de Otelo de "assobiar", "soltando-a, para que alce/ voo a favor do vento e faça presas/ como a sorte o ensejar". Ele espicaça o amor de Capitu, bane-a de si, de sua presença, do calor dos amigos, de sua cidade, de seu país, condena-a à indiferença e ao desamor, a um aprisionamento solitário nos gélidos e tristes Alpes suíços.

Esse desejo de morte – esse desejo de "matar" Capitu expulsando-a de seu amor e matando o seu amor por ela – já se encontrava no coração de Santiago antes mesmo do surgimento de seu ciúme, desde o princípio. Na primeira briga, juvenil, causada por Capitu ter expressado dúvida em relação ao seu amor por ela, Bento faz exatamente a mesma ameaça – afastá-la do seu amor e afastar a si mesmo do amor dela, tornando-se padre[39]. Após seu segundo ataque de ciúme, ele faz novamente a mesma ameaça (como descrita acima), pois esse desejo, e sua execução, como no caso do herói de *Ressurreição*, revela a debilidade de sua capacidade de amar alguém – seu amor-próprio. Conforme pelo menos um comentador, a queda de Otelo também é causada pela "inadequação do amor" presente nele desde o princípio, e é "o próprio Otelo [quem] primeiro introduz o tema da morte" na peça[40]. Mais uma vez, Machado de Assis parece simplesmente ter antecipado a interpretação moderna de Shakespeare.

39. *Idem*, XLIV.
40. John Money, "Othello's 'It is the cause...' an Analysis", *Shakespearean Survey 6*, London, Cambridge University Press, 1953, pp. 94-105.

Se Otelo e Santiago compartilham uma mesma fraqueza de alma, não é de se surpreender que as manifestações de ciúme deste último se assemelhem às do primeiro, nos menores detalhes. Santiago aponta sua tendência de sonhar acordado – a visão do imperador, a conversa com a palmeira, "a égua", a visão de Capitu na casa da moribunda, o regozijo com o beijo, a fada macbetheana, as fantasias de chacoalhar Capitu e de matá-la, o pássaro da morte voando em sua retina etc. etc. Todas essas fantasias podem ser comparadas com o que Iago chama de "as mentiras fantásticas" de Otelo – por exemplo, da antropofagia, das propriedades mágicas do lenço. A emoção latente nas fantasias de Santiago é, na maioria dos casos, tão forte que o leva a alucinações nas quais ele "perde a consciência de si mesmo e das coisas ao seu redor"[41]. No caso das fantasias por ciúme, ele entra num transe ou delírio semelhante ao de Otelo. Mesmo exteriormente ele se parece com Otelo. Comparemos a descrição "Eu falava-me, eu perseguia-me, eu atirava-me à cama e rolava comigo"[42], com sua impressão da representação de *Otelo* – "o mouro rolava convulso, e Iago destilava a sua calúnia"[43]. A semelhança da perturbação interior é ainda mais marcante. Comparemos o "que o mundo volte para o caos" e "Ora! Narizes, orelhas, lábios... Será possível? Confessa!... O lenço... Oh, diabo!" de Otelo com os sonhos vertiginosos de Santiago como um "desenho truncado e torto, uma confusão, um turbilhão, que me cegava e ensurdecia", sua "barafunda de ideias e sensações" e suas "incoerências" de lenços, lençóis, camisas e homens jazendo nos cemitérios[44].

---

41. Por exemplo, *Dom Casmurro*, cap. XXXIV.
42. *Idem*, LXXV.
43. *Idem*, CXXXV.
44. *Idem*, caps. LXII, CXXVI e CXXXV.

Há pouca indicação de vaidade em Otelo, embora talvez sua prontidão em acreditar na calúnia de Iago possa, em parte, ser atribuída a uma inclinação recente à adulação.

> *Iago.* Humildemente,
> vos peço me perdoeis tanta amizade.
> *Otelo.* Obrigado te fico para sempre.

E seu "Enganar-me! [...] Com o meu oficial" pode conter um traço de vaidade ofendida. Mas seu orgulho por se relacionar com os "grandes" de Veneza contém o estigma da autoestima natural e sensata.

Para Machado de Assis, a vaidade é o *sine qua non* do ciúme. Por isso a vaidade de Santiago é constantemente salientada[45]. A verdadeira fábrica de seu "lenço" é a vaidade ferida porque seu filho não se parece com ele, ou porque imita Escobar.

O outro lado da mesma moeda – um sentimento de inferioridade – não é tão enfatizado por Santiago, mas está presente. Intérpretes de Shakespeare alegam um sentimento de inferioridade em Otelo – devido a sua idade avançada, sua "raça", "falta de polidez", ausência de atrativos físicos – como a desculpa por sua prontidão em duvidar do amor de Desdêmona. Bentinho não entende como Capitu pode achá-lo atraente, desperdiçando sua beleza junto dele, mas não questiona por um segundo sequer que ela pudesse preferir um dos outros jovens aristocratas a ele, quando isso lhe é sugerido. Em sua lua de mel, Santiago não acredita que Capitu tenha se casado por amor. Seis anos depois, ele confessa: "Cheguei a ter ciúmes de

---

45. Por exemplo, ele se envaidece com os cuidados dispensados por José Dias, com a avidez de Manduca por seus argumentos, com os comentários das pessoas na rua ao passar da sege, com o interesse de Sancha por ele, bem como o de outras moças; tem orgulho da riqueza, da beleza e da bondade de sua mãe e da amizade de Escobar; manda demolir a antiga casa por não mais lhe despertar recordações.

tudo e de todos. Um vizinho, um par de valsa, qualquer homem, moço ou maduro, me enchia de terror ou desconfiança".

Esse sentimento de insegurança, como já apontamos, pode remontar à traição a Deus, a seu favor, por parte de sua mãe, e uma segunda vez a José Dias, que a faz repetir a traição, relembrando-a de mandar Bento para o seminário. Como já foi igualmente mencionado, sua insistência *casmurra* de que Ezequiel não é seu filho provém de um sentimento de incapacidade de gerar um menino adorável como Ezequiel, de incapacidade de inspirar o amor de uma mulher como Capitu.

Uma vez que seu sentimento de inferioridade é maior que o de Otelo, há menos restrições e barreiras racionais para seu ciúme, compartilhando a inveja de Iago e sua desconfiança "de tudo e de todos". Otelo discorre sobre os encantos de Desdêmona,

> Não me deixa
> enciumado dizerem-me que minha
> mulher é linda, que aprecia a mesa,
> gosta da sociedade, é de linguagem
> mui desembaraçada, dança, canta,
> e representa bem. Onde há virtude,
> tudo isso mais virtuoso, ainda, se torna.
> Não tirarei de meu modesto mérito
> o menor medo ou dúvida a respeito
> de seu procedimento; ela tinha olhos
> e me escolheu.

Santiago faz a mesma listagem, mas com uma conclusão diversa. Capitu ama a diversão e o lazer, toca piano, canta, gosta de dançar; sua beleza é admirada nas ruas e nas festas. Não obstante, eles vão a poucas festas; Capitu é obrigada a usar mangas compridas para que os homens não possam admirar seus braços; finalmente, ela já não pode nem mesmo olhar pela janela ou aparecer à porta da frente para receber seu marido de volta do trabalho: tem que esperar atrás das grades dos cômodos internos da casa, como uma mulher oriental – como uma mourisca. E há razões para se acreditar que Santiago inveje os dons de Capitu, da mesma forma como inveja a inteligência e os músculos de Escobar, pois há uma estranha inconsistência, ou lacuna, na questão de sua habilidade de cantar. No capítulo LXXX, ele nos diz que a voz de Capitu ao cantar era a alegria de sua mãe e de sua casa. No capítulo CV, diz que ela parou de cantar porque achava que não tinha voz. Será que isso significa que Santiago tomou-se por cantor e que Capitu graciosamente declinou da competição?

Existem outros traços estranhos de disparate no ciúme de Santiago. Seu segundo acesso, como mencionamos anteriormente, é causado pelo ressentimento de que Escobar não tenha demonstrado o devido amor a ele, pois não olhou para trás no ônibus, ao passo que seu substituto, o dândi, se volta no cavalo para fitar Capitu. Isto é, o desespero de Santiago devido à rejeição de Escobar, por um estranho processo mental, se transformou em "Escobar ama mais Capitu do que a mim". Daí para a inversão, era apenas um passo: "Capitu ama o substituto de Escobar, o dândi, mais do que a mim", com a consequente e legitimada raiva. Temos aqui a mesma situação do *Conto de Inverno*, no qual o ciúme insano de Leontes é despertado pela recusa de seu amigo de infância, Polixenes, ao seu convite, ao passo que aceita o de Hermione.

O temor angustiante de Santiago de que Escobar ame Dona Glória é da mesma ordem: ele não se preocupa com que sua mãe ame Escobar, mas justamente o contrário, e seu alívio ao ouvir o insulto de Escobar a sua mãe é patente[46]. Uma espécie de confusão neurótica afim fica evidente em sua identificação dos braços de Escobar com os de Sancha[47].

46. *Dom Casmurro*, cap. XCVIII.
47. *Idem*, cap. CXVIII.

A transferência de suas próprias dúvidas para Dona Glória e Justina (que ele acha estarem distantes de Capitu e Ezequiel quando, na verdade, é *ele* quem está distante) e a transformação de dúvida de si mesmo em dúvida em relação a Capitu já foram comentadas.

Talvez seja natural que Bento Santiago tenha ciúmes de todos aos quais sua mãe dispensa cuidados – Cosme, Justina, José Dias, Cabral, Costa, Escobar, Pádua, seu falecido marido, Deus; e, por meio de suas cáusticas referências a esses personagens, fica aparente que ele *tem* ciúmes. É normal, provavelmente, que Bentinho tenha fundido seu pai morto com Deus. Mas há a indicação de uma curiosa dupla identificação que parece beirar o mórbido. O ciúme de Santiago em relação a Escobar não é assumido abertamente – com plena consciência – até que Escobar deite em seu caixão, isto é, até que ele se junte à companhia de Deus e Pedro Santiago de Albuquerque, os consortes da "Santíssima" Glória. Porém, Santiago ainda encontra um substituto para Escobar em terra – Ezequiel – que é, aos olhos de Santiago, o debuxo colorido e ambulante do amigo morto, seu antigo colega surgindo da sepultura. O triângulo continua. Santiago suspeita que Capitu e Ezequiel amem-se um ao outro mais do que a ele. Ele deseja tirar Ezequiel do seu caminho. Ele rumina a ideia de matá-los por meio de lenta tortura. Mesmo quando o Ezequiel adulto retorna, após a morte de Capitu, Santiago deseja-lhe a lepra. Há dois comentários bem distintos que demonstram a completude dessa identificação na mente de Santiago: o primeiro, quando leva o menino para a escola – "Levei-o a pé, pela mão, como levara o ataúde do outro"[48]; o segundo, quando o jovem retorna da Europa – "Era o próprio, o exato, o verdadeiro Escobar. Era o meu comborço"[49].

48. *Idem*, cap. CXXXII.
49. *Idem*, cap. CXLV.

Otelo providencia o assassínio de Cássio. Como vimos, tal vingança não é possível para Santiago devido a sua constituição psíquica. Um dos princípios literários de Machado de Assis é que o amor e o ciúme são os dois grandes mestres que colaboram para produzir uma tragédia. Desenvolvendo esse tema, numa coluna de 18 de junho de 1893[50], ele dá uma ilustração que parece pertinente ao caso de Santiago: "[Caim] não podia tolerar que o Senhor só tivesse olhos benévolos para o irmão, e, não podendo matar o Senhor, matou o irmão".

Santiago não pode matar Deus ou seu já falecido pai: então oblitera a memória de sua mãe com uma lápide anônima. Não pode matar ou torturar o falecido Escobar: então tortura Capitu e procura esquecer de sua existência; quando morre, seu corpo é depositado numa sepultura sem nome na Suíça. Num sentido neurótico, ele satisfez seu desejo vingativo de "um fogo intenso e vasto, que a consumisse de todo, e a reduzisse a pó, e o pó seria lançado ao vento, como eterna extinção".

Com Capitu, o Otelo da alma de Santiago morre, assim como morre o Otelo de Shakespeare, embora Iago continue vivo. E o comentário de Edward Dowden sobre *Otelo* se aplica igualmente bem a *Dom Casmurro*: pior que a morte de Otelo é o modo de vida de Iago: "Morrer à maneira de Otelo é atroz. Mas viver à maneira de Iago, comendo pó e aguilhoando as gentes – eis algo mais aterrador"[51].

Através de tamanha alquimia psicológica, Machado de Assis transforma o Mouro de Veneza no Casmurro do Engenho Novo. A semente da paixão de Santiago encontra-se em Otelo (e Iago); mas, se o ciúme de Santiago é mais inclusivo, também é mais neurótico – ao extremo da insanidade. Sinal dessa mácula,

50. "A Semana", *Gazeta de Notícias* (*A Semana*, I).
51. Edward S. Dowden, *Shakespeare – His Mind and Art*, nova ed.; New York and London, Harper, 1918, p. 216.

creio eu, é essa certa dose de ironia inserida por Machado no autor fictício do livro – através de um nome.

Existe uma certa insistência quanto ao local de nascimento de Santiago, o pequeno povoado de Itaguaí. Não obstante, Machado já havia dado a conhecer esse lugar aos leitores. Trata-se do cenário de um de seus melhores contos, "O Alienista". Nessa narrativa, um filho nativo de Itaguaí (e, como Santiago, nascido no seio da nobreza local), um certo Simão Bacamarte, um médico distinto com graduações em Coimbra e Pádua, sofre um desapontamento em relação a uma pequena experiência pessoal em genética, a saber, a geração de um "filho perfeito", que se prova um fiasco total, pois não consegue gerar coisa nenhuma, boa ou má. Para compensar seu fracasso nesse campo, ele entra para outra área – torna-se alienista. E, como tal, ele por acaso acaba por encerrar toda a população de Itaguaí em seu insano asilo, sobre o que ele conclui que a insanidade é normal e a sanidade, anormal, solta os reclusos e interna a si mesmo. Qualquer que seja a interpretação contida nessa narrativa, é impossível, a meu ver, que ela não deixe nos leitores de Machado de Assis um sentimento distinto em relação ao vilarejo de Itaguaí e seus filhos nativos.

Uma réstia da mesma mácula depreendida do ciúme e da desconfiança de Santiago pode ser encontrada em sua vingança. O Otelo de Shakespeare executa sua vingança em nome da "justiça". Santiago faz o mesmo apelo[52], mas há nos capítulos finais do livro três claras instâncias de sua irracionalidade e injustiça.

A primeira, é a reação de Santiago à representação teatral de *Otelo* e, em particular, sua conclusão final:

> Ouvi as súplicas de Desdêmona, as suas palavras amorosas e puras, e a fúria do mouro, e a morte que este lhe deu entre aplausos frenéticos do público.

52. *Dom Casmurro*, cap. CXL.

"E era inocente", vinha eu dizendo rua abaixo; "que faria o público, se ela deveras fosse culpada, tão culpada como Capitu? E que morte lhe daria o mouro? Um travesseiro não bastaria; era preciso sangue e fogo, um fogo intenso e vasto, que a consumisse de todo, e a reduzisse a pó, e o pó seria lançado ao vento, como eterna extinção..."[53]

Nessa passagem, fica evidente a total falta de lógica, que diz na verdade: a morte da inocente Desdêmona foi justa, de modo que, para que a punição da "culpada" Capitu seja justa, deve ser mais terrível que a de Desdêmona. Além disso, há uma dose de insanidade adicional nos propósitos de Santiago em escrever a estória: se ele conferir uma punição mais terrível a Capitu, o público irá "aplaudi-lo" ainda mais "freneticamente" do que a Otelo.

A segunda instância de injustiça e irracionalidade ocorre em seguida à acusação contra Capitu.

A morte era uma solução; eu acabava de achar outra, tanto melhor quanto não era definitiva, e deixava a porta aberta à reparação, se devesse havê-la. Não disse *perdão*, mas *reparação*, isto é, justiça[54].

Os itálicos são de Santiago; mas, para uma melhor compreensão de sua declaração, as palavras "devesse" e "justiça" também deveriam ser grafadas em itálico. Novamente, como no primeiro exemplo, estamos diante de uma concepção de "justiça" bastante curiosa. Parafraseando suas palavras: se, contrariamente a seus desejos, Capitu provasse sua inocência, ele seria justo com ela. Não a perdoaria, ou seja, não a teria de volta em seu coração; simplesmente pagaria os danos causados. (O que isto poderia ser, efetivamente, fica a cargo da imaginação do leitor.)

Em toda a sua obra, Machado de Assis associa com frequência esse tipo de justiça com o ciúme despertado pela "vaidade"

53. *Idem*, cap. CXXXV.
54. *Idem*, cap. CXL.

ou de um "coração pusilânime"[55]. O paralelo mais exato se encontra em um de seus primeiros contos, "A Mulher de Preto", no qual uma esposa inocente é injustamente acusada de infidelidade e enviada por seu marido ciumento para uma cidade distante. Como Santiago, o marido se agarra a insignificantes evidências circunstanciais para provar a culpa da mulher. Quando sua inocência é-lhe provada por um amigo, eis a sua resposta:

> "Meu caro Estevão, a mulher de César nem deve ser suspeitada. Acredito em tudo; mas o que está feito, está feito."
> "O princípio é cruel, meu amigo."
> "É fatal."

A terceira indicação de debilidade na "justa causa" de Santiago é a lacuna não explicada já discutida anteriormente: por que Santiago temeria que Capitu fosse à sua mãe a não ser que temesse a revelação da verdade, e que suas consequências recaíssem sobre ele?

Estes três exemplos, parece-me, demonstram que não é a justiça que Santiago almeja, mas somente a consumação de seu desejo de morte – o desejo de acabar com Capitu. Como Félix, de *Ressurreição*, seu coração está morto, ele *não pode* retribuir o grande amor dela. De acordo com John Money[56], Otelo sofre de uma "impotência" similar. Money observa ainda que o autoencargo de Otelo como ministro da justiça divina, como justo instrumento do Fado, ou Destino, é uma autoilusão, e que a divindade à qual Otelo e Iago se curvam "são suas próprias ideias fixas" – a vontade de destruir surgindo de sua "impotên-

---

55. Como, por exemplo, em *Ressurreição*, que já discutimos anteriormente. Cf. o conto "Questão de Vaidade", parte VI: "Ora, a vaidade quando domina o coração do homem... não deixa atender a nenhum sentimento mais, a nenhuma razão de justiça".

56. *Idem*, cf. Paul N. Siegel, "The Damnation of Othello", *Publications of the Modern Language Association of America*, LXVIII, dezembro de 1953, 1070.

cia" de criar. No caso de Otelo, inclui-se ainda "a vontade de ver as coisas como elas não são".

As palavras do marido ciumento de "A Mulher de Preto", "É fatal", chegam quase a constituir um eco do "um [beijo] tão doce jamais foi tão fatal" de Otelo (bem como o "o que está feito, está feito" precedente é certamente uma citação de *Macbeth*). Logo no início da narrativa, esse homem usa as palavras de John Money: "O destino é a vontade", respondia Menezes, "cada homem faz o seu destino".

Santiago, também, atribui a causa de sua tragédia ao destino – particularmente nos capítulos "Uma Reforma Dramática" e "O Contrarregra", bem como em suas palavras finais ao júri de leitores: "uma cousa fica [...], a saber, que a minha primeira amiga e o meu maior amigo [...] quis o destino que acabassem juntando-se e enganando-me".

Já vimos que, em *Dom Casmurro*, como em outras obras de Machado de Assis, o destino e a natureza são a mesma coisa: o destino de um homem *é* a sua natureza. Com sua declaração final, Santiago quer-nos fazer acreditar que as naturezas dissimuladas de Capitu e Escobar são as responsáveis pela queda do adorável Bentinho. De fato, na sentença imediatamente anterior, ele profere o dito de que a Capitu enganadora do final do livro já se encontrava na Capitu menina, como o fruto dentro da casca, embora tenhamos descoberto que suas palavras aplicam-se melhor a ele próprio do que a Capitu (é a natureza de Casmurro que vaza a casca de Bento Santiago). O mesmo, segundo Money, vale para Otelo, que trata a infidelidade de Desdêmona como "a causa". "Mas existe uma ambiguidade, também, no recurso de Otelo: a sua própria alma para justificar 'a causa'. Pois, num certo sentido, sua alma *é* 'a causa' "[57].

57. John Money, p. 95.

Dessa forma, o final de *Dom Casmurro* não apenas ecoa *Otelo*, como sugeri no início deste capítulo, como reproduz o final de *Otelo*. T. S. Elliot diz o seguinte sobre o discurso de autojustificação de Otelo ("Docemente, ..."):

> O que Othello me parece fazer ao pronunciar este discurso, é *autoencorajar-se*. Tenta evadir a realidade, deixou de pensar em Desdêmona e pensa em si próprio. [...] Othello consegue transformar-se numa figura patética adoptando uma atitude mais *estética* do que moral, dramatizando-se a si mesmo como defesa contra o que o rodeia. Ilude o espectador, mas o motivo humano é primariamente iludir-se a si próprio. Não creio que algum escritor tenha alguma vez denunciado mais claramente do que Shakespeare este *bovarysme*, a vontade humana de ver as coisas como elas não são[58]*.

John Money cita essa passagem, acrescentando, em conclusão: "Ver Otelo como ele deseja ser visto é distorcer a tragédia".

Submeto a vossa apreciação: Bento Santiago também deseja ver as coisas como elas não são. Como Otelo, ele tenta iludir "o espectador" – seus leitores – pois, aplaudindo-o mais do que a Otelo, tê-lo-ão absolvido; sua autoilusão estará completa, ele estará livre de qualquer culpa a seus próprios olhos, sua consciência ficará tranquila[59]. Mas, se nós, leitores, o virmos "como ele quer ser visto", estaremos "distorcendo a tragédia".

Mais uma vez, a crítica moderna de Shakespeare está de acordo com a interpretação de Machado de Assis.

---

58. T. S. Elliot, "Shakespeare and the Stoicism of Seneca", em *Selected Essays*, New York, Harcourt, 1950, p. 111.

* Retirei a passagem acima de *Ensaios Escolhidos* (Lisboa, Cotovia, 1992), traduzido por Maria Adelaide Ramos, "Shakespeare e o Estoicismo de Séneca" (N. do T.).

59. O capítulo "A Exposição Retrospectiva" demonstra a compulsão de Santiago em contar sua estória e ser absolvido; mostra também, claramente, que nenhuma dessas mulheres o absolveu.

11
UM INTERESSANTE CASO DE ANONIMATO

Nos capítulos desenvolvidos até aqui, procurei sugerir uma resposta à questão colocada no início deste estudo: Capitu é culpada de infidelidade? Mas, como afirmei inicialmente, uma resposta completa depende da resposta a uma questão subsidiária: por que Machado de Assis deixa a decisão para o leitor? Se Santiago, como Otelo, se autoilude, por que Machado de Assis não demonstra julgamento a seu respeito – como faz tão conclusivamente com Félix, de *Ressurreição*? Por que ele permite ao protagonista "dramatizar a si mesmo" ao leitor e deixar que o leitor o julgue? A resposta à segunda questão, creio eu, assim como a da primeira, deve ser procurada no método artístico de Machado.

Praticamente, todos os personagens de *Dom Casmurro* são nomeados – e, como procurei demonstrar, cuidadosamente nomeados. Mesmo personagens que se reduzem a referências transitórias – como os amigos de Bentinho (Borges, Bastos, os Albuquerques), Paula, a amiga de Capitu, e os escravos pertencentes à casa de Santiago – recebem nomes. Mas há um personagem, de alguma proeminência, cujo nome Santiago retém deliberadamente, e faz tanto alvoroço em torno da retenção do nome que nossa curiosidade é atiçada. Estou me referindo ao autor anônimo do *Panegírico de Santa Mônica*. Por que esta *lacuna*? E por que esse homem de nome desconhecido é introduzido no enredo com seu panegírico, no fim das contas? Será esse episódio uma digressão? Por que Machado de Assis, um dos mais parcimoniosos escritores, permitiria tal digressão nesta que é sua obra-prima, e uma obra-prima da parcimônia? Porque, ao que parece, ele não se permite interferir, devido ao método adotado na construção do romance.

No romance que seguiu a *Dom Casmurro*, *Esaú e Jacó*, o narrador (que, como observamos anteriormente, tem mais semelhanças com Machado do que o nosso Bento Santiago) explica seu método de criação. Ele diz que o verso de Dante, "Dico che quando l'anima mal nata"*, que um dos personagens escreve em seu diário, poderia servir de mote para o livro, pois, além de um meio de completar os personagens, funciona ainda como "um par de lunetas para que o leitor do livro penetre o que for menos claro ou totalmente obscuro". E ele continua:

> Por outro lado, há proveito em irem as pessoas da minha história colaborando nela, ajudando o autor, por uma lei de solidariedade, espécie de troca de serviços, entre o enxadrista e os seus trebelhos.
>
> Se aceitas a comparação, distinguirás o rei e a dama, o bispo e o cavalo, sem que o cavalo possa fazer de torre, nem a torre de peão. Há ainda a diferença de cor, branca e preta, mas esta não tira o poder da marcha de cada peça, e afinal umas e outras podem ganhar a partida, e assim vai o mundo. Talvez conviesse pôr aqui, de quando em quando, como nas publicações do jogo, um diagrama das posições belas ou difíceis. Não havendo tabuleiro, é

---

*   "Digo, que quando a alma malfadada" (N. do T.).

um grande auxílio este processo para acompanhar os lances, mas também pode ser que tenhas visão bastante para reproduzir tudo na memória as situações diversas. Creio que sim. Fora com diagramas! Tudo irá como se realmente viesses jogar a partida entre pessoa e pessoa, ou mais claramente, entre Deus e o Diabo[1].

De nossa análise da "ópera" e dos "pares casados" em *Dom Casmurro*, sabemos que "o jogo entre Deus e o Diabo" significa o bem e o mal em cada personagem fazendo-os agir de um certo modo[2]. Em outras palavras, os personagens são totalmente autônomos: o bem e o mal contidos em suas naturezas geram a ação; os personagens "escrevem" a narrativa.

Este estratagema literário, tão minuciosamente explicado em *Esaú e Jacó*, já havia sido posto em prática por Machado de Assis em *Dom Casmurro*. Mas *Dom Casmurro* é uma narrativa dentro de outra narrativa: Santiago é o autor fictício da narrativa propriamente dita, de modo que não há razões para se acreditar que ele utilize o estratagema artístico de Machado. Ao contrário, existem razões para acreditar que ele o distorce, consciente e inconscientemente, pois possui uma motivação pessoal para escrever – limpar sua imagem diante da opinião pública e de sua própria consciência. Entretanto, permanece o fato de que foi Machado de Assis quem criou os diversos personagens do romance (inclusive Santiago); e suas ações advêm das naturezas que *ele* lhes delegou. Não obstante as inconsistências e hiatos ("lacunas") do relato de Santiago, os personagens são como Machado os criou, e, assim sendo, se deslindarmos as irregularidades devidas a Santiago e lermos entre suas linhas, poderemos chegar à verdade.

---

1. *Esaú e Jacó*, cap. XIII; cf. *idem*, cap. V.
2. Cf. *Memorial de Aires*, "1889 – 26 de Março", onde o narrador, comentando as maneiras e o falar refinados de Dona Cesaria, escreve: "Deus vencia aqui o diabo com um sorriso tão manso e terno que faria esquecer a existência do imundo sócio".

Machado de Assis não só criou os personagens como também os nomeou. Aparentemente, Santiago relata seus nomes com fidelidade – quando os conhece ou deles se recorda, ou quando os considera válidos a seu favor – com exceção do autor do panegírico. Essa "lacuna", como as demais, digo-lhes, é "um par de lunetas" que o autor real coloca diante de nossos narizes para clarear a visão. E também é, como a observação sobre o verso de Dante, um ato espontâneo da parte de um personagem criado – no qual Machado de Assis, tendo se comprometido com uma política de divino alheamento, não podia interferir.

Com a insultante omissão do nome, a subsequente descrição sarcástica de seu detentor e de sua obra deplorável, Santiago versa sobre seu criador: o autor anônimo, a meu ver, não é ninguém senão o próprio Machado de Assis. À primeira vista, a ideia parece artificial, para não dizer sem propósito. Mas permitam-nos considerar três ingredientes do episódio: a condescendência pomposa de Santiago, as semelhanças superficiais entre Machado e o panegirista e o tema do panegírico – Santa Mônica.

Que Santiago pudesse voltar suas destilações sarcásticas contra o autor de sua existência não é de causar surpresa; muito pelo contrário, é quase previsível. Ele faz o mesmo em relação a todos os seus amigos e parentes, incluindo sua mãe, Deus e, às vezes, ele mesmo. Não poupa sequer o imperador D. Pedro II, o que *o* leva à beira do ridículo – seu gosto pela pompa e preocupações filantrópicas, ou seja, sua função de "Pedro Bananas"[3]. Por que ele se meteria a invectivar Machado de Assis? Isso é trabalho para um ciumento profissional. Logo em seu primeiro capítulo, Santiago faz uma observação que pode espantar os mais desavisados: "Há livros que apenas terão isso [o título] de seus autores; alguns nem tanto". Estaria Santiago riscando sar-

---

3. *Dom Casmurro*, cap. XXIX.

O OTELO BRASILEIRO DE MACHADO DE ASSIS

casticamente o nome do autor que aparece na capa? Por mais que possa parecer o contrário, Santiago não faz mistério de suas pretensões literárias. No capítulo II, ele relaciona os assuntos sobre os quais se sente qualificado para escrever – jurisprudência, filosofia, política – e insinua poder escrever a história do Rio de Janeiro melhor do que o clássico *Memórias*, do padre Luiz Gonçalves dos Santos. Mais adiante, ele indica suas realizações no campo literário: dois versos de um soneto, "algumas páginas em prosa" e "agora [...] esta narração"[4]. "Esta narração", como o leitor bem sabe, contém um certo elemento de ficção – o que coloca Santiago em competição direta com Machado de Assis. Santiago reduz essa competição a nada, enterrando seu mestre e criador no anonimato, da mesma forma como no anonimato enterrou sua mãe com o epitáfio "Santa". O epitáfio de Machado é menos lisonjeiro. Ele é representado (através de sua contraparte anônima) como um pequeno atendente ridículo de repartição pública, que se toma por escritor por causa de um livrinho sem valor – um panegírico de Santa Mônica, dedicado a Santo Agostinho – uma composição ultrapassada repleta de citações obtusas dos clássicos. Ele vai distribuindo suas cópias vida afora. Há somente uma coisa que se pode dizer dele: é um funcionário público eficiente.

Existe uma pequena semelhança aparente entre a descrição de Santiago e o Machado de Assis real. Mas antes de a examinarmos em detalhe, permitam-nos observar um personagem fictício que Machado reconhece como um seu autorretrato – o Aguiar, de *Memorial de Aires*[5] – pois ele também possui seme-

---

4. *Idem*, cap. LV.
5. Cartas de Mário de Alencar a Machado de Assis, datadas de 16 de dezembro de 1907 e 20 de fevereiro de 1908; e de Assis a Alencas, de 22 de dezembro de 1907 e 8 de fevereiro de 1908; também em carta de José Veríssimo, datada de 18 de julho de 1908, e na resposta de Machado, de 19 de julho de 1908 (*Correspondência*). Cf. Lúcia Miguel Pereira, *Machado de Assis: Estudo*

HELEN CALDWELL

lhanças próximas com Machado de Assis, nos menores detalhes biográficos. Aguiar casa-se com Carmo (Carolina) quando ainda trabalha como guarda-livros, antes de se tornar um banqueiro. Sua esposa, antes do casamento, vivia com sua mãe (que era de Nova Friburgo) e seu pai (um relojoeiro suíço da mesma cidade). O casamento é "a grado de todos". Logo em seguida ao casamento, Aguiar perde o emprego, Carmo enfrenta os tempos difíceis com prestimosidade, apoia seu marido, fabrica mobiliário para a casa com as próprias mãos. Aguiar tem um veio poético que o evidencia em suas conversações, embora nunca tenha escrito nada. "É claro que", comenta Aires, "se o marido escrevesse também, achá-lo-ia melhor que ninguém, porque ela o ama deveras, tanto ou mais que no primeiro dia". Aguiar gosta de ler literatura, mas tem pouco tempo para se dedicar; então, a mulher lê e escreve resumos e comentários em um caderninho para o marido ocupado[6].

Obviamente, Machado de Assis nunca foi guarda-livros ou banqueiro. Sua esposa, Carolina, era portuguesa; seu pai *tinha* feito comércio de joias em Portugal, mas não no Brasil. Quando Machado a conheceu, os pais dela já haviam morrido, ela tinha vindo para o Rio de Janeiro para ficar com o irmão, o poeta Faustino Xavier de Novaes; logo em seguida, um outro irmão e uma outra irmã se juntaram a eles. Pairam algumas dúvidas quanto se o casamento foi "a grado de todos" os irmãos[7]. As dificuldades realmente existiram[8]. A dedicação de Carmo, em

---

Crítico e Biográfico, 5. ed., Rio de Janeiro, José Olympio, 1955, p. 118; e Barreto Filho, "Machado de Assis", *O Romance Brasileiro de 1752 a 1930*, ed. Aurélio Buarque de Hollanda, Rio de Janeiro, Cruzeiro, 1952, pp. 148-149.

6. *Memorial de Aires*, "18 de Setembro de 1888".

7. Lúcia Miguel Pereira, *Machado de Assis*, 5. ed., pp. 110-112.

8. *Idem*, p. 121; cf. a carta de Machado de Assis a Ramos Paz, de 19 de novembro de 1869, *Exposição Machado de Assis: Centenário do Nascimento de Machado de Assis 1839-1939*, Rio de Janeiro, Instituto Nacional do Livro, 1939, pp. 64 e 82.

todos os detalhes, pode ser presumida como de Carolina. De acordo com Lúcia Miguel Pereira, Carolina possuía um caderninho como o descrito por Aires, para uso de Machado em seu trabalho[9]. O companheirismo do velho casal em sua vida reclusa e talvez solitária se refere certamente a Carolina e Machado. E há algo no modo simples e sem afetação de fazer amigos de Aguiar, em sua clara admiração pela jovial esposa, seu ar terno de entusiasmo e esperança, que os amigos de Machado reconheceram como dele[10]. Mas há realmente aqui muito pouco que identifique Aguiar com o público leitor de Machado de Assis.

Retomando o panegirista de Santiago. Ele, como Machado, é um funcionário público e, como Santiago admite, eficiente. "Em 1882" trabalhava como "chefe de seção administrativa da marinha". Em 1882, Machado de Assis era chefe de seção da Secretaria do Estado do Ministério da Agricultura[11]. E o próprio Machado tinha orgulho de ser um funcionário público eficiente[12]. O panegirista é um ex-seminarista, e acredita-se que Machado tenha recebido parte de sua primeira educação de um padre e que trabalhava perto de uma igreja[13]. A mesma benevo-

---

9. Lúcia Miguel Pereira, *Machado de Assis*, 5. ed., p. 254.

10. *Idem*, p. 102; e Barreto Filho, *Introdução a Machado de Assis*, Rio de Janeiro, Agir, 1947, pp. 13-14; R. Magalhães Junior, *Machado de Assis Desconhecido*, Rio de Janeiro, Editora Civilização, 1955, pp. 96, 132 e 162-164.

11. Carta a Joaquim Nabuco, datada de 14 de janeiro de 1882 (*Correspondência*); *Exposição Machado de Assis*, p. 96.
    Note-se ainda que Machado de Assis e Santiago eram contemporâneos: Santiago nasceu em 1842, Machado, em 1839. E, se podemos mesmo acreditar na palavra de Santiago (pois as datas que fornece são, por vezes, contraditórias), o *Panegírico* foi impresso em 1856 (cap. LIV), isto é, dois anos antes de Santiago entrar para o seminário. Portanto, ao que parece, o autor anônimo bem pode ser um pouco mais velho que Santiago.

12. Consultar, por exemplo, "Secretária de Agricultura", *Gazeta de Notícias*, Rio de Janeiro, 12 de setembro de 1890 (*Poesia e Prosa*), pp. 154-156. Consultar também, na p. 79 da mesma coletânea, a nota do editor, J. Galante de Souza.

13. Lúcia Miguel Pereira, *Machado de Assis*, 5. ed., pp. 46-49 e 54-56; Alfredo Pujol, *Machado de Assis*, 2. ed.; São Paulo, Levi, 1917, pp. 8-11.

lência e o mesmo contentamento modestos com coisas simples demonstrados por Aguiar encontram-se no panegirista, feliz com seu único e modesto esforço literário, feliz com a fria demonstração de interesse de Santiago. Como Machado, ele, afinal, considera-se um literato. Certamente, mas o autor de um livrinho tão obscuro e insignificante! – sendo que a obra de Machado em 1882 já contava milhares de páginas, já era conhecida do público e já contava com alguma popularidade! O tema do panegírico converte este ponto de divergência aparente em evidência conclusiva para a identificação do panegirista.

Em 1850, estabeleceu-se em Paris uma associação cristã de mães sob o padroado de Santa Mônica: seu objeto, a oração mútua em favor de seus maridos e filhos turrões. Obviamente, isso porque foi através do amor e dos santos esforços de Mônica que seu marido cruel e obstinado se converteu ao cristianismo, e que seu filho turrão e cortejador foi trazido de volta ao rebanho. Santo Agostinho é frequentemente citado e referido por Machado de Assis. De fato, ele se compara com frequência a ele. Quincas Borba, que certamente representa o Brasil, ou um de seus aspectos, diz, em seu devaneio: "Eu sou Santo Agostinho"[14]. O narrador-protagonista do romance curto *Casa Velha* também se compara a Santo Agostinho: "*Amor non improbatur*, escreveu o meu grande Santo Agostinho. A questão para ele, como para mim, é que as criaturas sejam amadas e amem em Deus"[15]. O pai dos gêmeos de *Esaú e Jacó* recebe seu nome de Santo Agostinho, assim como sua irmã recebe o nome da irmã do santo. Esse pai (juntamente com sua esposa e cunhada) dedica-se a tentar fazer com que seus filhos gêmeos amem um ao outro.

14. *Quincas Borba*, cap. X.
15. Machado de Assis, *Casa Velha*, São Paulo, Martins, 1944, cap. III.

O OTELO BRASILEIRO DE MACHADO DE ASSIS

Que Machado de Assis identifique os homens brasileiros (e a si próprio, como um deles) com Agostinho, e as mulheres brasileiras com Santa Mônica, é superficialmente apropriado por duas razões. Os homens brasileiros (e portugueses) do século dezenove eram notoriamente filhos turrões e maridos infiéis. Mônica e Agostinho eram africanos, de origem negra, conforme algumas cogitações; e há um grande elemento africano na população brasileira, sendo que o próprio Machado tinha sangue negro.

Os homens retratados por Machado de Assis em sua ficção são, em sua maioria, filhos de mulheres, não de homens – muitas vezes ausentes. Em *Dom Casmurro*, não só Santiago é criado pela mãe, como também Dona Glória é criada pela mãe, e *sua* mãe criada por sua avó[16]. Tem sido notado que as mulheres de Machado de Assis são, com frequência, melhor retratadas e constituem personagens maiores que os homens em sua obra[17].

Em outras palavras, a obra de Machado de Assis, como um todo, forma um "panegírico de Santa Mônica" das mulheres brasileiras, e de todas as mulheres. Mas Santa Mônica é também um símbolo sob encomenda para o amor, assim como Santo Agostinho

16. *Dom Casmurro*, cap. VII ("Era filha de uma senhora mineira, descendente de outra paulista, a família Fernandes").

17. Por exemplo, Barreto Filho, *Introdução a Machado de Assis*, pp. 17, 116-117 e 144; Barreto Filho, "Machado de Assis", *O Romance Brasileiro de 1752 a 1930*, ed. Aurélio Buarque de Hollanda, Rio de Janeiro, Cruzeiro, 1952, p. 121; Graça Aranha, *Machado de Assis e Joaquim Nabuco*, São Paulo, Monteiro Lobato, 1923, p. 18.

Note-se que Brás Cubas (*Memórias Póstumas de Brás Cubas*, cap. CXXXI) faz uma distinção entre o amor do homem e o da mulher. Uma mulher, diz ele, "a mulher [...] entrega-se por amor" – e uma grande parte do amor do homem é feito de vaidade. Em "A Paixão de Jesus" (*Diálogos e Reflexões de um Relojoeiro*, p. 277), o próprio Machado faz uma distinção similar entre homens e mulheres. Após descrever a tortura e o escárnio infligidos a Jesus pelos homens, ele acrescenta: "mas ainda nos falta alguma cousa para completar a parte humana daquela cena última.

"As mulheres vieram [...]. Com outro ânimo que faltou alguma vez aos homens, elas trouxeram a consolação e a paciência ao pé do crucificado. Nenhum egoísmo as conservou longe, nenhum tremor."

é um símbolo da alma humana como campo de batalha entre o amor e o amor-próprio. Portanto, o panegírico de Santa Mônica torna-se uma descrição, num sentido mais amplo, da proposta artística de Machado – retratar a boa mãe cristã, a bondade da natureza humana, persuadindo seu filho turrão, algumas vezes salvo, outras perdido. Daí a submissão inconteste de Machado de Assis à imagem feita por Santiago, que, em suas próprias palavras, deve funcionar da seguinte maneira: minha obra é um panegírico de Santa Mônica (o amor), dedicada a Santo Agostinho (meus compatriotas brasileiros e toda a humanidade). Santiago chama-o ultrapassado: bem, não se trata de algo da escola moderna, naturalista – baseia-se nos escritores clássicos. Distribuo as cópias por toda a vida (meus diversos trabalhos, todos com o mesmo tema). Meu panegírico é importante para mim, mas talvez não tenha nenhuma importância. De qualquer modo, sou um funcionário público honesto e eficiente.

E exatamente neste romance, *Dom Casmurrro*, Machado de Assis está "distribuindo seu panegírico", confiando-o ao autor fictício, Santiago, da mesma forma como o panegirista anônimo da estória lhe impinge uma cópia. Santiago admite parcialmente essa analogia. Ele diz que o soneto é o seu panegírico[18], e o "soneto" significa "a vida", de modo que *Dom Casmurro* é o resumo de sua vida. Ele nos diz ainda que melhorou o *Panegírico de Santa Mônica*: "pus-lhe não só o que faltava da santa, mas ainda cousas que não eram dela"[19]. Mais adiante, insinua que isso apenas "torna a santa mais adorável"[20]. Ao mesmo tempo, identifica a santa com sua mãe. Como de hábito, sua interpretação é confu-

18. *Dom Casmurro*, cap. LV.
19. *Idem*, cap. LX.
20. *Idem*, cap. LXXIX. Nesse capítulo, Santiago parece estar falando de sua mãe. Mas ele afirma anteriormente (caps. LVI-LXI) que essa seção inteira de sua narrativa faz parte do panegírico; mesmo nesse capítulo (LXXIX) e nos dois se-

sa: Dona Glória *é* um aspecto da "santa" de Machado de Assis; mas a encarnação mais perfeita de Santa Mônica é Capitu. E Capitu brilha na narrativa de Santiago, apesar do narrador, pois é impelida sobre ele pelo panegirista-mor, Machado de Assis.

O episódio do panegírico, portanto, é um "um par de lunetas" que Machado de Assis põe diante do nariz do leitor, para que perceba que Santiago não é o verdadeiro autor do livro – e veja quem é. Uma vez que sua narração é um ato espontâneo da parte de Santiago, o episódio também "revela seu caráter" ao fornecer o melhor exemplo de sua habilidade em distorcer fatos. Em *Esaú e Jacó*, é dito ao leitor que ele (leitor), bem como os personagens, devem colaborar com o autor[21] – que a melhor apreciação de uma obra literária, onde ela melhor instrui, só é alcançada quando o leitor faz uso de todos os seus poderes de observação, raciocínio, imaginação e compreensão, tornando-se um intérprete. Desse modo, Machado de Assis deixa o leitor de *Dom Casmurro* fazer o julgamento da inocente Capitu, da justiça da vingança de Santiago, além de deixar Santiago livre para contar sua estória como deseja.

Mas Machado de Assis nunca demonstrou muita fé em processos e julgamentos[22]. No caso de Santiago, ele antecipa indubitavelmente que o julgamento, na melhor das hipóteses, resultará num júri hesitante. Em seu pequeno discurso sobre Caim e Abel (parte do qual citamos anteriormente), ele escreve:

A planta humana precisa de sangue, como a outra precisa de orvalho. Toda a gente lastima a morte de Abel, por um hábito de escola e de educação; mas a verdade é que Caim deu um forte exemplo às gerações

guintes, a ênfase a respeito da (sua) autoria torna claro que ele tem em mente seu próprio panegírico.

21. *Esaú e Jacó*, caps. V-VI. Cf. *Quincas Borba*, cap. CVI.

22. Por exemplo, "A Semana", *Gazeta de Notícias*, 26 de fevereiro de 1893 e 9 de agosto de 1896 (*A Semana*, I, III); e o conto "Suje-se Gordo!".

futuras. Tendo apresentado os primeiros frutos de sua lavoura ao Senhor, como Abel apresentara as primícias de seu rebanho, não podia tolerar que o Senhor só tivesse olhos benévolos para o irmão, e, não podendo matar o Senhor, matou o irmão. Daqui nasceu a iniquidade, que é o *grano salis* deste mundo.

A observação de Santiago a propósito do aplauso frenético do público pela morte da inocente Desdêmona (o que o público faria se o mouro impusesse uma punição pior a uma Desdêmona tão culpada quanto Capitu?) ecoa o *grano salis* de Machado e prenuncia a decisão do júri. A planta humana precisa de sangue! Como diz G. W. Knight a respeito de Desdêmona, todos nós "matamos Desdêmona meia dúzia de vezes todos os dias de nossas vidas"[23]. Todos temos uma ponta de *casmurro* em nossa constituição – um amor-próprio que nos faz propensos a desconfiar e odiar tudo o que nos é superior, simpatizar com o que é inferior, ou do que não nos é superior.

O episódio do panegírico expõe o temor de Machado de que o júri tome o partido de Santiago e o deixe impune. Porém, se desempenharmos nosso papel como leitores, o papel que nos é atribuído por Machado, perceberemos que Santiago não é o autor do livro. E, então, perceberemos uma certa ironia na declaração de Santiago de que fez alterações no panegírico para unicamente tornar a santa mais adorável; pois este é apenas um outro modo de dizer "Deus escreve certo por linhas tortas" – onde Deus, neste caso, é obviamente Machado de Assis. Perceberemos que o amor simbolizado por Capitu não é derrotado: ele triunfa, como o bem simbolizado por Cordélia triunfa sobre o mal, e *Dom Casmurro* não é mais

---

23. G. Wilson Knight, *Principles of Shakespearean Production*, Harmsworth, Middlesex, Penguin Books, 1949, p. 34.

obra de pessimismo do que o *Rei Lear*[24]. Ao elogiar um certo homem bom, Machado escreveu:

O grande assombra, o glorioso ilumina, o intrépido arrebata; o bom não produz nenhum desses efeitos. Contudo, há uma grandeza, há uma glória, há uma intrepidez em ser simplesmente bom, sem aparato, nem interesse, nem cálculo; e sobretudo sem arrependimento[25].

Ao que Santiago poderia retorquir, "Sim, a virtude é sua única recompensa". Porque o objetivo do autor fictício de *Dom Casmurro* e o do autor real são diametralmente opostos: Machado quer nos persuadir da beleza do amor; Santiago, converter-nos ao amor-próprio.

---

24. Cf. Kenneth Muir, "Introduction", edição Arden de *King Lear* (London, Merthuen, 1952), pp. LV-LX, onde afirma que o *Rei Lear* "is not, as some of our grandfathers believed, pessimistic and pagan" ("não é, como acreditavam alguns de nossos avós, pessimista e pagão"), mas, antes, uma tentativa de demonstrar que o que o homem necessita para conquistar a felicidade é "patience, stoical fortitude, and love" ("paciência, perseverança estoica e amor") e, acima de tudo, perdão e caridade mútuos.
25. "Notas Semanais IV", *O Cruzeiro*, 2 de junho de 1878 (*Chronicas*, IV).

12
"SANTA MÔNICA" E O "PLAGIÁRIO"

O crítico brasileiro José Veríssimo divide os romances de Machado de Assis em dois períodos; e praticamente todos os estudiosos de Machado de Assis desde então têm aceitado essa divisão: os quatro primeiros compreendendo o que é, por vezes, denominado seu período "romântico", e os últimos, seu "segundo" estilo, ou estilo "maduro"[1]. Machado riu dessa divisão e redarguiu que todos os seus romances, juntamente com seus outros livros, eram cada qual um marco de sua vida espiritual[2]. De um ponto de vista, creio eu, sua perplexidade bem-

---

1. José Veríssimo, *Estudos de Literatura Brasileira: Primeira Série 1895-1898*, Rio de Janeiro, Garnier, 1901, pp. 253-254; José Veríssimo, *Estudos de Literatura Brasileira: Sexta Série*, Rio de Janeiro, Garnier, 1907, p. 215.
2. Carta a José Veríssimo, de 15 de dezembro de 1898 (*Correspondência*); advertências de Machado à edição de 1905 de *Helena* e à edição de 1907 de *A Mão e a Luva*; carta a seu editor H. Garnier, datada de 30 de outubro de 1899 e impressa em *Exposição Machado de Assis: Centenário de Nascimento de Machado de Assis 1839-1939*, ed. Instituto Nacional do Livro, Rio de Janeiro,

HELEN CALDWELL

-humorada é justificada; de outro, a divisão feita pelos críticos é certamente apropriada.

A vida, diz ele, é uma luta entre Deus e o diabo, entre o bem e o mal na alma dos homens. É geralmente aceito que seus romances são um esquadrinhamento da alma. Mas, como procurei demonstrar, o bem e o mal, para Machado, são o amor e o amor-próprio. Assim, encontramos o tema do amor *versus* o amor-próprio em todos os seus nove romances – na verdade, em toda a sua ficção e, talvez, em todos os seus escritos, em toda a sua obra.

Ele enuncia o tema na publicação de seu primeiro livro, um ensaio intitulado *A Queda que as Mulheres Têm para os Tolos*[3]. Embora seja um ensaio humorístico, e, portanto, torna-se difícil decidir onde o autor se posiciona sobre o assunto, ele parece demonstrar uma certa disposição pessoal em favor dos "homens de espírito" em oposição aos "tolos". Onze anos depois, em seu primeiro romance, *Ressurreição*, sua posição é praticamente contrária, com os "homens de espírito" exibindo um amor-próprio de primeira. Conforme se sucediam as obras de ficção, ele foi experimentando diversos ingredientes e obtendo diferentes amálgamas de amor e amor-próprio. Por isso, encontramos o amor-próprio se manifestando como ambição, ciúme, insaciabilidade, vaidade, orgulho, medo e assim por diante. Há misturas curiosas de amor e amor-próprio, como a luxúria e o egoísmo que atrai a todos os anteriores (como baleias atraem cracas), adorando-os como parte de si mesmo. A comédia en-

1939, pp. 200-201. Cf. Barreto Filho, *Introdução a Machado de Assis*, Rio de Janeiro, Agir, 1947, pp. 47-48 e 59-62.

3. Publicado por Paula Brito em 1861 (reimpresso em *Chronicas*, I). Como prova cabal de que se trata de uma obra original de Machado de Assis, e não de uma tradução, como formalmente suposto, consulte-se Lúcia Miguel Pereira, *Machado de Assis: Estudo Crítico e Biográfico*, 5. ed., Rio de Janeiro, José Olympio, 1955, pp. 90-94; e J. Galante de Souza, *Bibliografia de Machado de Assis*, Rio de Janeiro, Instituto Nacional do Livro, 1955, pp. 340-342.

O OTELO BRASILEIRO DE MACHADO DE ASSIS

fia-se no conflito com seus paradoxos grotescos, transigências, simulações de batalhas e vitórias inglórias. Além do que, o mote do primeiro romance poderia bem servir de mote para todos os demais. "Our doubts are traitors,/ And make us lose the good we oft might win,/ By fearing to attempt"*. Basta lermos atentos a "dúvidas", "amor-próprio" e o "bem", o "amor", como ele explica minuciosamente nessa obra.

Seu último romance, *Memorial de Aires*, é a resposta, o final feliz, como queiram, ao primeiro: *é a Ressurreição*. O diplomata Aires é um Félix cujo "coração mortificado" é permanentemente "ressurrecto". Aires, em virtude de sua profissão, passa sua vida em meio a uma guerra de estratégias e hipocrisias, desconfiando de todos, sem amar ninguém (ou somente alguns poucos, um pouquinho). Casa-se por motivos profissionais e enterra sua mulher no mesmo país do velho mundo em que Santiago enterrou a sua, sem o menor sofrimento, esquecendo-a[4]. Como observa acerca de sua viuvez, ele "tinha o feitio do solteirão"[5], bem como de cortejador[6]. Em seguida, aposenta-se e retorna ao Brasil – como um Odisseu (é ele quem sugere a comparação)[7] de volta a Ítaca, nu, com frio e estremecido por guerras (diplomáticas)[8] que encontra Netuno, de posse somente de mornas recordações das prazerosas estadias nas grutas das ninfas[9]. Ali, no calor do seu Rio de Janeiro[10], aquecido pelos amores exemplares de Rita (fraternal), de Fidélia (conjugal) e de Carmo (maternal), seu amor renasce[11].

---

* Em inglês no original de Machado (N. do T.).
4. *Esaú e Jacó*, cap. XII; *Memorial de Aires*, "1888 – 12 de Janeiro".
5. *Esaú e Jacó*, cap. XII.
6. *Idem*, caps. XII, XXXII, XL, XLVIII-XLIX e CXVI.
7. *Memorial de Aires*, "1889 [Maio-Junho] – Quinta-Feira".
8. Cf. *Deuses de Casaca*, cena III (*Theatro*).
9. Por exemplo, *Esaú e Jacó*, cap. XL.
10. *Idem*, "1888 – Fim de Maio".
11. Consultar, por exemplo, *Memorial de Aires*, "1889 – 8 de Abril" e "15 de Maio".

No início de seu *Memorial*, antes de sua regeneração se completar, Aires propõe-se a fazer uma aposta com Rita de que a dedicada Fidélia romperá sua viuvez e se casará novamente: ele compara a aposta com a de Deus e Mefistófeles pela alma de Fausto. No final do livro, Fidélia realmente se casa, mas Aires escreve em seu diário que acredita que seu amor pelo segundo marido é parte e continuação do amor pelo primeiro, e acrescenta:

> Quando eu era do corpo diplomático efetivo não acreditava em tanta cousa junta, era inquieto e desconfiado; mas, se me aposentei foi justamente para crer na sinceridade dos outros. Que os efetivos desconfiem![12]

Há referências a essa "ressurreição" por vir já em *Esaú e Jacó* (o romance com que o *Memorial de Aires* forma uma sequência): "O amor, que é a primeira das artes da paz, pode-se dizer que é um duelo, mas não de morte, mas de vida, – concluiu Aires sorrindo leve"[13]. Isto é, quando dominado pelo amor, não se morre; antes, se é lançado à vida, pois o amor tem poderes inventivos. E ele parece antecipar o progresso de seu próprio coração em direção à ressurreição total através de outro comentário, a respeito de um dos personagens, que dobrou o Cabo das Tormentas (luxúria e amor-próprio) e prosseguiu em calmaria na rota para as Índias[14].

Esses dois comentários do velho diplomata resumem o tema da obra de Machado de Assis, e de toda a sua "vida". Machado de Assis acreditava em seu próprio progresso espiritual. Por ser breve e consistente, ele, algumas vezes, tornou-se melancólico e impaciente com a lenta jornada da humanidade[15]. Ele achava o progresso humano possível, mas não inevitável, nem achava que

12. *Idem*, "1889 – 8 de Abril".
13. *Esaú e Jacó*, cap. XIV.
14. *Idem*, cap. XIX.
15. Sobre este ponto, consultar Barreto Filho, *Introdução a Machado de Assis*, Rio de Janeiro, Agir, 1947, pp. 24-27.

O OTELO BRASILEIRO DE MACHADO DE ASSIS

pudesse ser alcançado sem luta e conflito. Ele recusou-se a admitir seu século como um auge; recusou-se a reconhecer como evidências de avanço vitórias vazias e posições inseguras, pois considerava que a complacência com avanços dúbios impedia o progresso[16]. Ele não se desinteressava por reformas sociais e econômicas por meio de ação política e legal, como declarou algumas vezes[17]: admitia tudo o que pudesse levar o homem para a frente. Era não só engajado em atividades e literaturas políticas em seus verdes anos, como alguns de seus contos retratam cruéis condições de pobreza e outras formas de escravidão[18]. Mas, como parte de seu progresso, ele se convencia cada vez mais que tais esforços, no melhor das hipóteses, podiam gerar uma melhora apenas temporária e irregular. Para uma cura permanente, era necessário ir abaixo da superfície, descobrir as formas proteicas do amor-próprio que nutre a pobreza, a ignorância e a corrupção visíveis que via a seu redor. E essa crença medrou um escritor que tinha muito com o que contribuir[19], pois é esse escritor poético e criativo que explora e desnuda a alma humana e a luta entre o amor e o amor-próprio nela encerrada.

Ele se preocupava com a humanidade, em particular com aquela de seu próprio país[20]. Tinha orgulho do progresso do Bra-

16. Como visto, por exemplo, em sua crítica à Igreja (cap. 9 deste estudo). Cf. Lúcia Miguel Pereira, *História da Literatura Brasileira XII: Prosa de Ficção de 1870 a 1920*, Rio de Janeiro, José Olympio, 1950, pp. 94-95.

17. Para uma introdução às obras políticas de Machado de Assis, pode-se consultar R. Magalhães Junior, *Machado de Assis Desconhecido*, Rio de Janeiro, Civilização Brasileira, 1955.

18. Por exemplo, "Valério", "Um Almoço", "O Empréstimo", "Folha Rota", "Pai Contra Mãe".

19. Consultar, por exemplo, suas colunas sobre José de Alencar e Joaquim Manuel de Macedo, "Semana Literária", *Diário do Rio de Janeiro*, 6 e 13 de março e 1 e 8 de maio de 1866 (*Crítica Theatral*); carta a José de Alencar de 29 de janeiro de 1868, publicada n'*O Correio Mercantil*, Rio de Janeiro, de 1 de março de 1868 (*Correspondência*).

20. Essa relação é enunciada muito cedo, Por exemplo, no poema "Minha Musa",

HELEN CALDWELL

sil e de sua tradição. Acreditava em seu futuro, que poderia melhor servir à civilização sendo objeto de estudo de si mesma e utilizando-se de sua própria tradição. Como escritor, considerava a língua portuguesa um instrumento belo e poderoso, a ser utilizado e desenvolvido[21]; pois a enxergava sendo rebaixada pela ignorância, negligência, escárnio e desprezo de seus contemporâneos, e até mesmo vendo-a ser abandonada por alguns em favor de uma língua estrangeira[22]. Foi declarado o mais brasileiro dos escritores de seu país[23], o que realmente é, sem sombra de dúvida; além disso, não há em suas obras de ficção nada do que geralmente se toma por "cor local". Admirava escritores como Alencar, que exaltou as belezas naturais de seu país; ele mesmo estava longe de

> publicado em 1856 (*Poesia e Prosa*). Cf., no mesmo volume, "Hino Patriótico" (pp. 45-48) e as breves passagens de prosa nas pp. 152, 177 e 179-181, a respeito de seu relacionamento contínuo com a terra nativa e com seus escritores. Consultar também Magalhães Junior, *Machado de Assis Desconhecido*, pp. 43, 191, 242 e *passim*.

21. "Notícia da Atual Literatura Brasileira – Instinto de Nacionalidade", *O Novo Mundo*, New York, 24 de março de 1873 (*Crítica Literária*); "Comentários da Semana", *Diário do Rio de Janeiro*, 24 de março de 1862 (*Chronicas*, I); discurso na Academia Brasileira de Letras, 7 de dezembro de 1897 (*Páginas Recolhidas*); cartas a Nabuco, 28 de junho e 1 de agosto de 1908 (*Correspondência*); "Semana Literária", *Diário do Rio de Janeiro*, 20 de março de 1866, republicada na *Revista do Livro* (Rio), setembro de 1958, p. 188. Cf. Barreto Filho, *Introdução a Machado de Assis*, pp. 32-33.

22. Sobre o intenso sentimento de Machado de Assis a esse respeito, consultar *Esaú e Jacó* (cap. XLIII), em que o pai Santos, orgulhoso, deseja publicar o discurso de seu filho no Rio de Janeiro e nas províncias, e o manda traduzir para o francês ("Em francês, pode ser que fique ainda melhor"); e sua coluna "A Semana", *Gazeta de Notícias*, Rio de Janeiro, 5 de março de 1893, 21 de julho de 1895 e 15 de dezembro de 1895 (*A Semana*, I, II, III). Cf. José Veríssimo, *Estudos de Literatura Brasileira: Primeira Série*, pp. 253-259; e Magalhães Junior, *Machado de Assis Desconhecido*, pp. 114-115 e 153.

23. Por exemplo, Arturo Torres Riosco, *Expressão Literária do Novo Mundo*, trad. Valdemar Cavalcanti, Rio de Janeiro, C.E.B., 1945, p. 348; Astrojildo Pereira, "Machado de Assis: Romancista do Segundo Reinado", *Revista do Brasil*, junho de 1939, conforme citado por Francisco de Assis Barbosa em *Manual Bibliográfico de Estudos Brasileiros*, ed. Rubens Borba de Moraes e William Berrien, Rio de Janeiro, Gráfica Editora Souza, 1949, p. 687; Lúcia Miguel Pereira, *Prosa de Ficção*, pp. 50 e 55-56.

O OTELO BRASILEIRO DE MACHADO DE ASSIS

ser insensível a essa beleza. Mas considerava a alma do carioca ainda mais bela que a Baía de Guanabara, as realizações dos luso-brasileiros ainda mais admiráveis que os feitos dos tupis. Considerava o culto ao passado e às belezas naturais do Brasil um empecilho ao crescimento da alma brasileira que ele sentia ser essencialmente europeia e portuguesa[24].

Embora reconheça a alma brasileira como individual e distinta, ele a colocava como parte integrante da alma da humanidade, de modo que o poético escritor não podia se limitar a um tempo ou espaço. É nesses termos que ele define o papel do poeta, do dramaturgo, do fabulista e do romancista. Por exemplo:

[...] não é o político que ora celebramos, mas o escritor [Almeida Garret], um dos maiores da língua, um dos primeiros do século, e o que junta em seus livros a alma da nação com a vida da humanidade[25].

[...] e perguntarei mais se o *Hamlet*, o *Otelo*, o *Júlio César*, a *Julieta e Romeu* têm alguma coisa com a história inglesa nem com o território britânico, e se, entretanto, Shakespeare não é, além de um gênio universal, um poeta essencialmente inglês[26].

A musa de Malta é também viajante e cosmopolita.

Onde quer que se lhe depare assunto à mão, não o rejeita, colhe-o para enfeitá-lo com outros, e oferece-o a sua pátria[27].

A melhor forma de compreender a alma universal da espécie humana, dizia Machado, é através do estudo de grandes autores de todo o mundo; a melhor forma de retratá-la, é "plagiando-os".

24. Consultar, em particular, seu "Instinto de Nacionalidade" (*Crítica Literária*); e também sua coluna "A Semana", *Gazeta de Notícias*, 20 de agosto de 1893 (*A Semana*, I). Cf. p. 173 da coletânea *Poesia e Prosa*: "... tudo isso veio na caravela de Colombo".
25. "Garret", *Gazeta de Notícias*, 4 de fevereiro de 1899 (*Crítica Literária*).
26. "Instinto de Nacionalidade" (*Crítica Literária*).
27. "Guilherme Malta – Carta ao Sr. Conselheiro Lopes Neto", *Jornal do Comércio*, Rio de Janeiro, 2 de julho de 1872 (*Crítica Literária*), sob o título "Un Cuento Endemoniado" e "La Mujer Misteriosa".

HELEN CALDWELL

A Revolução Francesa e *Othelo* estão feitos; nada impede que esta ou aquela cena seja tirada para outras peças, e assim se cometem, literariamente falando, os plágios[28].

E novamente, comentando *Les Nuits*, de Musset:

Mon verre n'est pas grand, mais je bois dans mon verre.
Taça pequena, mas de ouro fino, cheia de vinho puro, vinhos de todas as uvas, gaulesa, espanhola, italiana e grega, com que ele se embriagou a si e ao seu século, e aí vai embriagar o século que desponta[29].

Vale o mesmo para a taça de Machado, que contém não somente o vinho do Brasil, como o de Albion, da Espanha, da França, da Itália, da Grécia. O exemplo mais patente, único, de sua prática nessa espécie de mistura pode ser visto em *Dom Casmurro*, que discutimos longamente. Os nomes reais tirados de antepassados portugueses possuem uma poesia luso-brasileira própria; além disso, foram infundidos com uma riqueza imagética e significados emprestados da poesia universal.

Essa fusão da alma brasileira com a alma da humanidade foi prática constante de Machado de Assis – daí sua surpresa terna com a divisão de seus romances em duas classes ou estilos proposta por Veríssimo. Com seu quinto romance, ele expande essa prática artística de um certo modo definitivo – o que simul-

---

28. "A Semana", *Gazeta de Notícias*, 28 de julho de 1895 (*A Semana*, II).
29. "A Semana", *Gazeta de Notícias*, 27 de dezembro de 1896 (*A Semana*, III).
Para mais exemplos da crença de Machado no "plagiarismo múltiplo", consultar: "Lyra dos Vinte Anos", *Diário do Rio de Janeiro*, 26 de junho de 1866 (*Crítica Literária*); "História de Quinze Dias – Livro I", *Ilustração Brasileira*, 1 de janeiro de 1877 (*Chronicas*, III); "Antonio José e Molière", *Revista Brasileira* (Rio), 15 de julho de 1879 (*Crítica Theatral* [sob o título "Antonio José"]); a advertência a "O Almada" (*Poesias Completas*). Somos tentados a citar ainda uma carta, atribuída a um contribuidor anônimo, que Machado de Assis publicou em sua coluna de *O Futuro*, Rio de Janeiro, em 1 de maio de 1863 (*Chronicas*, I), porque os sentimentos nela expressos refletem os seus de modo idêntico.

O OTELO BRASILEIRO DE MACHADO DE ASSIS

taneamente torna seus cinco últimos romances menos brasileiros que os quatro primeiros. Mais: nos cinco últimos romances, ele transplanta para solo brasileiro clássicos, ou gêneros clássicos, inteiros, tirados de literaturas outras que não luso-brasileiras. Assim, ele usa como base para *Memória Póstumas de Brás Cubas* três romances estrangeiros do mesmo gênero (um espanhol, um francês e outro inglês), para *Quincas Borba*, um único clássico espanhol, para *Esaú e Jacó*, tragédia grega, para *Memorial de Aires*, épico grego. Em *Dom Casmurro*, ele "oferece a seu país" um *Otelo* brasileiro. E porque Shakespeare lhe fala mais alto e claro que todos os outros homens[30], porque Shakespeare é "poesia universal"[31], "real e legítima humanidade"[32], porque Shakespeare *é* "a alma humana"[33], *Dom Casmurro* é a obra-prima de Machado de Assis e a estrela mais brilhante na galáxia da literatura brasileira.

30. Machado de Assis, *Adelaide Ristori: Folhetins*, Rio de Janeiro, Academia Brasileira de Letras, 1955, pp. 69-70.
31. "Ocidentais '1802-1885' " (*Poesias Completas*).
32. "A Semana", *Gazeta de Notícias*, 23 de abril de 1893 (*A Semana*, I); cf. "A Semana" de 30 de dezembro de 1894 (*A Semana*, II).
33. "A Semana", *Gazeta de Notícias*, 26 de abril de 1893 (*A Semana*, III).

APÊNDICE
Biografia de Machado de Assis

Embora três romances de Machado de Assis encontrem atualmente tradução em inglês, seu nome está ainda ausente de nossas enciclopédias e dicionários biográficos. Ele nasceu no Rio de Janeiro em 21 de junho de 1839, batizado, no novembro seguinte, Joaquim Maria Machado de Assis. Seu pai, José de Assis, era natural do Rio de Janeiro, filho de mulatos "livres". Sua mãe, Maria Leopoldina Machado de Assis, era portuguesa dos Açores. Tais fatos são comprovados pelas certidões de batismo e casamento. A única outra informação precisa conservada sobre seus pais é seu endereço no ano de 1845, inscrito no *Almanaque Laemmert*, que o pai assinava.

Machado teve uma irmã mais nova, morta, assim como sua mãe, ainda em sua infância. Há rumores de que seu pai tenha se casado novamente. O pai também morreu cedo, quando Machado ainda estava na escola primária. Como o menino sobreviveu e o que aconteceu à madrasta – caso tenha havido de fato uma madrasta – são objetos de especulação de seus biógrafos. (Machado, em seus últimos anos, disse ao amigo José Veríssimo que tinha sido pobre em sua juventude.) Um de seus primeiros poemas é dedicado a um primo, mas nada se sabe a seu respeito. Não há menção de nenhum outro parente.

Depois disso, não há mais informações sobre Machado até seus quinze anos, ocasião de um poema com sua assinatura em uma revista de moda feminina. A partir de então, pelo menos suas atividades profissionais são fáceis de traçar. Aos dezessete, era tipógrafo; aos dezenove, revisor de provas; aos vinte e um, repórter. No restante de seus sessenta e nove anos, podemos vê-lo entrando e saindo de jornais, revistas e estabelecimentos editoriais, um após outro. Seus escritos jorravam aos borbotões: poemas, críticas, colunas com comentários sarcásticos e profundos sobre acontecimentos do momento, traduções do inglês e do francês, peças, contos e romances. A partir de 1873, seu salário de fome como escritor é incrementado com a vaga obtida no Ministério da Agricultura, onde serviu até a derradeira enfermidade, em 1908. Muitas honras foram-lhe concedidas em reconhecimento de sua obra – a primeira, pelo imperador, em 1867. E, finalmente, por ocasião da fundação da Academia Brasileira de Letras, em 1897, foi eleito seu primeiro presidente, com mandato vitalício.

Assim foi Machado de Assis, um escritor de reputação, laborioso jornalista e funcionário público exemplar – não faltou um dia sequer ao trabalho, nunca se distanciou mais do que uns poucos quilômetros do seu Rio de Janeiro.

Quando olhamos para sua ficção – seus nove romances e mais de duzentos contos de sua obra reunida –, encontramos um Machado que viajou todas as distâncias, épocas anteriores, nas profundezas da alma humana. À medida que ele narra seus contos, conhecemos a emergência firme e consistente de um intelecto, de uma concepção da obra literária e do papel do artista no progresso humano. Seus ensaios críticos e suas colunas jornalísticas servem como notas de rodapé e marginália a sua obra ficcional.

De suas colunas e correspondência, vislumbramos ainda o Machado de Assis da vida diária – seus hábitos, gostos e desgostos; seu amor pela cidade natal, desalento pela falta de condições sanitárias; sua impaciência irônica com políticas desonestas, patentes de remédios, Sarah Bernhardt, o alto custo de morrer, oradores indigestos na hora da sesta e outros gloriosos produtos da civilização; seu ânimo em estender a mão a outros escritores brasileiros, iniciantes e experientes; seu orgulho da língua portuguesa; sua devoção apaixonada a Shakespeare; discussões literárias em chás da tarde; suas amizades; sua solidão após a morte da esposa.

Foi casado por trinta e nove anos com a mesma mulher, Carolina Novaes (irmã do poeta português Faustino Xavier de Novaes); ambos deixaram à posteridade deste mundo obtuso uma legenda de dedicação conjugal que relega os Brownings* às sombras.

Fisicamente, Machado de Assis era baixo, delgado e franzino; seu rosto e sua efígie eram fortes e, no amplo sentido da palavra, belos, segundo nos revela sua máscara mortuária. Aparentemente, sofreu de epilepsia toda a vida, mas em especial quando jovem e nos últimos quatro anos de vida, após a morte de Carolina. (Algumas notas sobre seus ataques, tomadas por seu médico no período final, foram conservadas.)

Morreu em sua cidade natal em 28 de setembro de 1908. A Câmara dos Deputados, em sessão extraordinária, votou pelo

---

* Referência aos escritores ingleses Elizabeth Barrett Browning (1806-1861) e Robert Browning (1812-1889) (N. do T.).

funeral oficial, com honras civis e militares. Foi a primeira vez na história brasileira (segundo Graça Aranha) que um homem comum de letras foi sepultado como um herói. Por todo o Brasil, longos discursos (do tipo que Machado abominava) foram feitos em sua homenagem. Na França, houve uma sessão memorial na Sorbonne, presidida por Anatole France.

A veneração a Machado de Assis seguiu por anos a fio. No centenário de seu nascimento, em 1939, dezessete livros e mais de quinhentos artigos, de trezentos e cinquenta escritores, foram publicados sobre ele no Brasil. Livros e artigos continuam a ser publicados como água, com a adesão constante de novos escritores.

NOTAS DA AUTORA

Salvo indicação em contrário, as obras de Machado de Assis mencionadas no texto e nas notas deste estudo podem ser encontradas nas três coleções abaixo.

1. *Obras Completas de Machado de Assis*, publicada por W. M. Jackson Inc., Rio de Janeiro (a partir de 1937), em trinta e um volumes, todos já editados:

ROMANCES
Ressurreição
A Mão e a Luva
Helena
Iaiá Garcia
Memórias Póstumas de Brás Cubas
Quincas Borba
Dom Casmurro

Esaú e Jacó
Memorial de Aires

CONTOS
Contos Fluminenses I, II
Histórias da Meia-Noite
Histórias Românticas
Papéis Avulsos
Histórias sem Data
Várias Histórias
Páginas Recolhidas (contém discursos também)
Relíquias de Casa Velha I, II (vol. I contém também o soneto
"A Carolina")

POESIA
Poesias Completas

TEATRO
Teatro

CORRESPONDÊNCIAS
Correspondência

CRÍTICA E COMENTÁRIO
Crítica Literária
Crítica Teatral
Crônicas I, II, III, IV
A Semana I, II, III

Uma vez que a paginação dos volumes varia de edição para edição, este estudo não lhes faz referência pelo número da página, mas somente pelo capítulo, data de publicação da coluna, e assim por diante.

2. Oito volumes de contos e colunas de periódicos, editados

por R. Magalhães Junior e publicados pela Editora Civilização S/A, Rio de Janeiro, 1956-1958:

Contos Avulsos
Contos e Crônicas
Contos Esparsos
Contos Esquecidos
Contos Recolhidos
Contos sem Data
Crônicas de Lélio
Diálogos e Reflexões de um Relojoeiro

3. *Poesia e Prosa*, editado por J. Galante de Sousa e publicado pela Editora Civilização Brasileira S/A, Rio de Janeiro, 1957.

* * *

Três romances foram publicados em inglês pela Noonday Press, New York: *Memórias Póstumas de Brás Cubas*, sob o título *Epitaph of a Small Winner*, traduzido por William E. Grossman (1952); *Dom Casmurro*, traduzido por Helen Caldwell (1953); *Quincas Borba*, sob o título *Philosopher or Dog?*, traduzido por Clothilde Wilson (1954).

A tradução em língua inglesa de três contos, "O Enfermeiro", "Viver" e "A Cartomante" pode ser encontrada em Isaac Goldberg, *Brazilian Tales* (Boston, The Four Seas Co., 1921), sob os títulos "The Attendant's Confession", "Life" e "The Fortune--Teller".

Título	O Otelo Brasileiro de Machado de Assis
Autora	Helen Caldwell
Tradução	Fábio Fonseca de Melo
Editor	Plinio Martins Filho
Produção Editorial	Aline Sato
Editoração Eletrônica	Igor Souza Victória Cortez
Capa	Tomás Martins
Formato	14 x 21 cm
Papel	Cartão Supremo 250 g/m² (capa) Chambril Avena 80 g/m² (miolo)
Número de Páginas	224
Impressão	Lis Gráfica